EL MÉTODO
DE LAS
6 FASES

La técnica para supercargar tu mente y hacer magia en minutos

TAMBIÉN DE VISHEN LAKHIANI

El buda y el chingón

El código de las mentes extraordinarias

VISHEN LAKHIANI

EL MÉTODO
DE LAS
6 FASES

*La técnica para supercargar tu
mente y hacer magia en minutos*

Zenith

Título original: *The 6 Phase Meditation Method. The Proven Technique to Supercharge Your Mind, Manifest Your Goals, and Make Magic in Minutes a Day*

© 2022, Vishen Lakhiani

Esta edición es publicada por acuerdo con Harmony Books, un sello de Random House, una división de Penguin Random House LLC.

Traducción: Jahel Eugenia Leal Merediz

Derechos reservados

© 2023, Ediciones Culturales Paidós, S.A. de C.V.
Bajo el sello editorial ZENITH M.R.
Avenida Presidente Masarik núm. 111,
Piso 2, Polanco V Sección, Miguel Hidalgo
C.P. 11560, Ciudad de México
www.planetadelibros.com.mx
www.paidos.com.mx

Diseño de portada: Planeta Arte & Diseño / Raúl Aguayo
Imágenes de portada: © iStock
Fotografía del autor: © Paulius Staniunas
Diseño de interiores: David Israel Guzmán Ronquillo

Primera edición en formato epub en México: junio de 2023
ISBN: 978-607-569-483-2

Primera edición impresa en México: junio de 2023
ISBN: 978-607-569-475-7

"Happiness in the Now/Vision for the Future" gráfica en la página 42 fue originalmente publicada en *The Code of the Extraordinary Mind* de Vishen Lakhiani (New York: Rodale, 2016).

Impreso en los talleres de Litográfica Ingramex, S.A. de C.V.
Centeno núm. 162-1, colonia Granjas Esmeralda, Ciudad de México
Impreso y hecho en México *–Printed and made in Mexico*

Agradecimientos

En primer, lugar a Hayden y Eve.
A mi familia: Kristina, Roope, Liubov,
Mohan, Virgo. Y a mi equipo en Mindvalley
y los increíbles autores y estudiantes de todo
el mundo a quienes vivimos para servir.

Índice

Prefacio

El 19 de septiembre de 2019, varios amigos me enviaron los siguientes mensajes:

> *¡Hola, felicidades, lo leí en la prensa!*
> *Debes estar muy orgulloso.*
> *¡Qué increíble!*

Acababa de despertar. *Espera, ¿qué?* No tenía ni idea de por qué me estaban felicitando. Era un día totalmente normal para mí, como lo había sido el día anterior. Me senté en la cama en mi departamento de entonces, en Kuala Lumpur, Malasia. Medité, me preparé un licuado de proteínas, me bañé y tomé un Uber para ir al trabajo.

Pero los mensajes seguían llegando.

Resultó que mi nombre había aparecido en la prensa esa mañana, relacionado con una victoria en el Abierto de Estados Unidos.

No se adelanten a sacar conclusiones; no fui yo quien ganó el torneo de tenis, sino una adolescente rumanacanadiense llamada Bianca Andreescu. Tras vencer a Serena Williams en un emocionante partido de uno de los circuitos principales de tenis y reclamar su primer título de Grand Slam, el mundo la había estado celebrando.

Además, la alegre joven de 19 años había arrasado con Serena de la manera más amable, positiva y gentil posible. ¡Le estrechó la mano e incluso se disculpó por su victoria! La prensa encontró fascinante tanto su talento como su madurez y simplemente le preguntó: «¿Cómo lo lograste?». Bianca sonrió y respondió: «¡Déjenme mostrarles!».

Ahí es donde entro yo. Ella sacó su teléfono y les mostró mi primer libro, *El código de las mentes extraordinarias*.

Yo ya había mencionado el método de meditación en 6 fases en mi primer *bestseller*; desde que leyó sobre él, Bianca se inscribió en un seminario sobre las 6 fases para comenzar a usarlas estratégicamente con el fin de mejorar su rendimiento y optimizar su vida. Todos los días se visualizaba a sí misma ganando el Abierto de Estados Unidos (una técnica que aprenderás en la fase 4) y mira hasta dónde llegó.

Entonces, ¿tú también ganarás el Abierto de Estados Unidos al terminar este libro? Probablemente no. Estos capítulos no explicarán cómo ganar partidos de tenis, pero lo que puedo decirte es que aprenderás a ganar en la vida y a alcanzar las metas más importantes para ti como individuo.

Bianca es una de las millones de personas que utilizan la meditación en 6 fases para sentirse bien, rendir al máximo y lograr lo inimaginable. Y no es la única atleta de alto perfil que la practica, también lo hacen Tony González, miembro del Salón de la Fama de la NFL (el cual incluye a los cien mejores jugadores), quien menciona esta meditación en múltiples artículos de prensa, y Reggie Jackson de los Clippers de Los Ángeles, así como toda su familia (puedes ver entrevistas con todas estas increíbles personas en mi cuenta de Instagram: @vishen).

Pero el método de las 6 fases no es solo para atletas. También lo utilizan artistas, empresarios, músicos, cantantes y estrellas de Hollywood cuyas películas seguro has visto. Tomemos como ejemplo al cantautor de *War & Leisure*, Miguel. La revista *Billboard* escribió un fascinante artículo sobre la práctica de meditación que Miguel lleva a cabo con todo su equipo antes de los grandes conciertos, titulado «Miguel Talks Connecting with Fans Through Meditation Before His Shows» («Miguel habla de conectarse con el público a través de la meditación antes de sus conciertos»).[1] «¿Qué clase de meditación?», preguntó *Billboard*. Miguel respondió: «Es una meditación guiada en seis fases narrada por Vishen Lakhiani que trata sobre la conciencia, la gratitud, el perdón, las aspiraciones para los próximos tres años, la visualización del día perfecto, etc. La meditación dura unos veinte minutos».

La razón por la que las estrellas de rock y los atletas aplican las 6 fases es que notan sus efectos de inmediato. Ya sea en el aplauso del público o en la anotación de más puntos, todos son testigos de la misma mejoría en el desempeño.

¿Eres un atleta o un artista de fama mundial? Quizá no, pero ¿tienes sueños y aspiraciones de lo que quieres traer al mundo? Lo más probable es que sí. Incluso si nunca te has definido como un emprendedor, bien podrías serlo. Tal vez seas un agente de cambio creativo que ha estado esperando un golpe de suerte.

Quizá tu éxito no sea tan obvio como el de Bianca y, a medida que avances en tu día, no habrá un marcador ni un árbitro observando cada uno de tus movimientos, tampoco un público en vivo, bailando y aplaudiendo tu actuación, pero lo sentirás. Es probable que lo primero que notes sea el aumento gradual en las ventas o tal vez percibas que estás empezando a funcionar con más frecuencia desde un estado de concentración total (*flow*). Tal vez, cuando llegues al final de tu día, te sorprendas de lo mucho que hiciste con tan poco esfuerzo y que aún te sientas lleno de energía. Para muchos empresarios y directores generales, la meditación en 6 fases se ha convertido en su práctica diaria más importante.

Recuerda mis palabras: al final de este libro tendrás todas las herramientas que necesitas para vivir la mejor, más exitosa y más feliz vida hasta ahora, y las personas a tu alrededor lo notarán. Por eso estoy tan emocionado de entregarte este protocolo.

Entonces, ¿qué es la meditación en 6 fases? Bueno, en primer lugar, no es una meditación tradicional. Vamos a olvidarnos de esa idea ahora mismo. Más bien, es una serie de guiones mentales

---

[1] Mitchell, Gail, «*Miguel Talks Connecting with Fans Through Meditation Before His Shows*», *Billboard*, 26 de septiembre de 2018, billboard.com/music/rb-hip-hop/miguel-meditation-interview-8477080/.

respaldados científicamente que ejecutas en tu mente para transformar la manera en la que piensas sobre ti mismo y el mundo.

Pero, antes de profundizar en las 6 fases, déjame contarte cómo me obsesioné con el poder de la mente y terminé fundando una de las compañías más grandes del mundo en crecimiento personal y transformación humana: Mindvalley.

Bill Gates, Microsoft y el sofá mohoso

Debes saber que nunca tuve la intención de ser un instructor de meditación. Mi vida no estaba destinada a ser «espiritual» y nunca, ni por un segundo, pensé que algún día estaría escribiendo *bestsellers* sobre el potencial humano.

Nací en Malasia y crecí en una gran familia hindú que tenía a la academia en la más alta estima. Si, al igual que yo, tienes ascendencia hindú, estarás familiarizado con la noción de que tienes cuatro opciones vocacionales: ser ingeniero, médico, abogado o fracasado de la familia. Ni más ni menos.

Siempre recordaré la manera en la que mi abuelo me miró mientras viajábamos en auto un domingo por la tarde. Esto fue alrededor de la época en la que Bill Gates había visitado la India y coincidió con el mes en el que me enfrenté a la decisión más importante de mi vida hasta el momento: qué estudiar en la universidad.

La cara de Bill Gates estaba en todas partes, en todos los canales de noticias y en todos los periódicos. Inspirado por la estación de radio que sonaba en los altavoces, mi abuelo tuvo un momento de iluminación que afectaría mis decisiones de los próximos cinco años. «Vishen», dijo, mirándome a los ojos con esperanza. «¡Debes ser rico como Bill Gates! ¡Debes dominar las computadoras!».

En ese momento yo era un adolescente que usaba gafas unidas por cinta adhesiva y que había luchado con problemas de autoestima la mayor parte de su vida, sobra decir que estaba más que ansioso por ponerme a prueba a mí mismo. Me mudé a los Estados Unidos en el verano de 1999 y me inscribí en el programa de Ingeniería Informática de la Universidad de Michigan, Ann Arbor. Era una de las cinco mejores escuelas del mundo para la informática en ese momento. Después de sumergirme por completo en la cultura universitaria estadounidense (¿tengo que decir más?) y graduarme, obtuve mi «feliz para siempre» y conseguí la pasantía que mi familia había soñado: un puesto en Microsoft, en Redmond, Washington.

Así es, trabajé para Bill Gates. Pero, como ya habrás adivinado, no duré mucho tiempo; de hecho, hice que me despidieran a propósito. Esto es lo que sucedió.

A pesar de los elogios de mi familia y la transitoria sensación de logro, dos meses después, me sentía miserable. Me despertaba por la mañana y presionaba el botón de «posponer», una y otra y otra vez. Aunque me había vuelto «exitoso», mi alma se derrumbaba por la monotonía. Recuerdo que un día, Bill Gates invitó a los nuevos empleados a su hermosa mansión con vista al lago Washington. Todos mis colegas se reunieron alrededor de él y de su parrilla mientras nos servía hamburguesas recién hechas. Allí estaban, radiantes, estrechando la mano de su héroe. Yo era el único en la reunión que no podía hacerlo. Sabía que ese no era mi lugar. Bill era un anfitrión amable y un hombre brillante, pero ese mundo no era para mí.

Decidí renunciar, pero el miedo a decepcionar a mi familia me hacía sudar frío por la noche. No podía solo irme, tenía que simular que no era mi decisión. Así que urdí un plan para que me despidieran. Cerré las puertas de mi oficina y jugué *Age of Empires* todo el día hasta que alguien se dio cuenta. Fue muy bajo de mi parte, lo sé. Me despidieron oficialmente por «jugar videojuegos en horario de trabajo».

Luego, muy emocionado, me mudé a Silicon Valley para ganar dinero haciendo algo que disfrutara en verdad. ¡Sería un emprendedor! ¿De qué? No lo sabía, pero estaba lleno de optimismo ilógico. Creía de todo corazón que forjaría una carrera exitosa —tenía que hacerlo— y Silicon Valley era, para los nuevos graduados en ciencias de la computación, lo que Hollywood para los aspirantes a actores. Estaba en el lugar correcto.

Pero, en resumidas cuentas, el momento que elegí apestó. Unos meses después de mudarme a Silicon Valley, se desinfló la burbuja puntocom. Catorce mil personas en el área fueron despedidas de la noche a la mañana en abril del 2001, el mes preciso en el que estaba tratando de hacer despegar mi empresa, así que buena suerte tratando de vender una idea en ese entorno. Fueron malas noticias para mi ego, pero fueron aún peores para mi saldo bancario.

Los meses que pasé tratando de hacer que mi compañía funcionara sirvieron de nada. Poco a poco, me quedé sin fondos y pronto apenas tenía para pagar el alquiler. Con el fin de reducir gastos, me mudé lejos de Silicon Valley y me establecí en la ciudad universitaria de Berkeley, California. Tenía menos de dos mil dólares en mi cuenta bancaria y ninguna perspectiva de trabajo.

Por fortuna, encontré una opción de alojamiento asequible para mi bolsillo: un sofá de dos plazas propiedad de un estudiante. Así es, ni siquiera podía pagar una habitación, pero un chico universitario que conocí en un bar a través de unos amigos me dijo que podía alquilar su sofá por doscientos dólares al mes. «¿Has tenido muchos… inquilinos de sofá?», pregunté nerviosamente mientras dejaba mis maletas y me sentaba con sumo cuidado, no estaba seguro de si podría soportar mi peso. Era un sofá que inspiraba muy poca confianza, por decir lo menos. «Oh, sí, amigo. No dejan de llegar. ¿Cómo crees que estoy pagando mis cuentas de la universidad?», se rio. Sonreí de forma educada. En la maleta junto a mí estaban todas mis pertenencias, mi vida entera. Tenía una deuda de treinta mil dólares y ya había gastado el capital que mi padre me había dado para iniciar mi proyecto. El panorama no se veía alentador. Incluso con mi grado en Ingeniería Informática y mi firme determinación, muy pronto me di cuenta de que no podía convertirme en emprendedor de la noche a la mañana y que el sofá de flores no se iba a pagar solo. Necesitaba dinero y rápido.

Tuve que renunciar a mis sueños empresariales para encontrar un trabajo. Sin embargo, no podía conseguir que me contrataran en ninguna parte. Con la caída de las puntocom, los empleos eran más escasos que nunca. Todos los días me despertaba con rigidez en el cuello y enviaba más copias de mi currículum de las que puedo recordar, con la desesperada esperanza de que alguien, tarde o temprano, me empleara. Mi vida era un desastre y no iba a ninguna parte.

Por fin, después de ocho insoportables meses de rechazo y de tener el orgullo en el piso, mi suerte cambió. Por recomendación de uno de mis contactos, me ofrecieron la oportunidad de entrevistarme para una pequeña empresa emergente que vendía *software* de gestión de casos a bufetes de abogados. Sin embargo, la economía todavía estaba adolorida y la mayoría de las empresas se negaban a pagar un salario base. Leí el correo electrónico de la oferta.

Ay, Dios. Era un trabajo donde te pagaban por telefonear. Las ventas por teléfono fueron mi peor pesadilla. Me había graduado de la prestigiosa Facultad de Ingeniería Eléctrica y Ciencias de la Computación de la Universidad de Michigan, ¿cómo era posible? Y yo sería una de *esas* personas. Pero ¿qué opción tenía? Si dejaba la oferta por más tiempo, algún otro tipo cualquiera, con una supuesta «historia de éxito», tomaría mi lugar en ese sofá manchado y yo tendría que regresar a casa en Malasia con la cola entre las piernas. Así que acepté el trabajo.

Mi «gran» responsabilidad era marcar el número de cientos de abogados de todo Estados Unidos en un intento por convencerlos de que compraran nuestro *software* para administrar sus bufetes. Cada mañana se me asignaba un área, digamos, San Antonio, Texas. Después de devorar un poco de cereal horrible, caminaba hasta la Biblioteca Pública de San Francisco. Con la espalda adolorida por otra noche de insomnio en mi adorado y mohoso sofá, me sentaba por largo rato con las Páginas Amarillas de San Antonio. Tomaba un bloc de notas y un bolígrafo y escribía todos los nombres de los abogados en esa área, de la A a la Z, luego procedía a llamarlos en orden.

Allí estaba yo: un jovencito malayo llamado Vishen Lakhiani interrumpiendo a esos serios abogados en medio de sus ocupados días para venderles *software*. Ya te podrás imaginar cómo me fue. El sonido seco del teléfono cuando lo colgaban, los gritos y los «vete a la mier…» se convirtieron en mi rutina diaria. Y no olvides que los abogados también suelen ser bastante buenos con el lenguaje. Muchos no se conformaron con decirme que me fuera a la mier... no. Muchos fueron poderosamente poéticos e imaginativos. Describieron todo tipo de emocionantes técnicas de tortura medieval que involucraban objetos como palos de escobas y patas de sillas. Sus monólogos atormentaban mis sueños.

Cuando me topé con la lección más importante que aprendería

Estaba fracasando y lo sabía. De alguna manera había terminado en *otro* trabajo que odiaba, pero esta vez por una fracción del salario. El sueño americano me había masticado y escupido *de nuevo*, así que hice lo que cualquiera haría en una situación tan lamentable: puse mi sopa instantánea a un lado y recurrí a Google, el nuevo motor de búsqueda más popular y mágico de la época. Todos estábamos hipnotizados por su capacidad para responder a cualquier cosa que le preguntáramos:

¿Por qué apesta mi vida?

Importante y, sí, algo pesimista. Busca y encontrarás. Google me dio una serie de razones por las que la vida apesta. Escribí:

¿Por qué odio mi trabajo?

Una vez más, Google me informó sobre todas las razones por las que las personas odian sus trabajos hoy en día. Fue muy deprimente:

> *Solo el 15 % de los mil millones de trabajadores de tiempo completo en el mundo están comprometidos con su trabajo. Esta cifra es mucho mejor en los Estados Unidos, con alrededor del 30 % de los trabajadores, pero esto todavía significa que aproximadamente el 70 % de los trabajadores estadounidenses no están comprometidos.*[2]

Uf. Bueno, al menos no era solo yo. Seguí buscando. Más de lo mismo: la vida es dura, el trabajo la hace más difícil y así sucesivamente. Entonces vi algo. Algo que me dio la débil esperanza de que existía una solución:

---

[2] Clifton, Jim, «The World's Broken Workplace», *Gallup.com*, 13 June 2017, news. gallup.com/opinion/chairman/212045/world-broken-workplace.aspx.

Seminario de meditación para el desempeño laboral, Los Ángeles.

Bien… Clic.

Las promesas eran bastante grandes. Afirmaban que las personas que tomaban ese seminario vendían mejor y con más eficiencia, se volvían más positivas respecto a sus trabajos y lograban un avance profesional enorme. «¿De verdad podía la meditación ayudarme a acelerar mi tasa de cierre en ventas?», me pregunté. En ese punto, no tenía absolutamente nada que perder y lo único que notaría mi ausencia sería el sofá de porquería en el que daba vueltas y vueltas todas las noches. Decidí arriesgarme e ir; después de todo, si no me gustaba, podía simple y sencillamente escabullirme por la puerta trasera y regresar a casa.

Después de subir a un avión, gastar el poco dinero que me quedaba en un motel, tomar un café barato y presentarme a la clase de meditación, vi frente a mí mi peor pesadilla: estaba solo. Era el único estudiante en la sala.

La facilitadora se encogió de hombros y me dijo que tomara asiento. Temiendo lo peor e imaginando que iba a encender un poco de incienso, a rodearme de cristales y a pedirme que cantara un mantra *new age*, me senté, nervioso; pero no fue tan malo como pensaba. Resulta que era una técnica de meditación relativamente nueva en comparación con las prácticas que datan de siglos atrás. Además, fue creada por un experto en meditación de Texas llamado José Silva. El seminario tenía el acertado nombre de «Silva Ultramind». Su regalo científico/espiritual al mundo se hizo muy popular en los 70 y los 80, y ahora, lo aprendería de primera mano.

Amanda (el nombre fue cambiado) sería mi guía. Amanda estaba en ventas farmacéuticas y solo digamos que su salario podía olerse a un kilómetro de distancia. Sus gafas de diseñador descansaban sobre el puente de su nariz, iba vestida con elegancia e irradiaba serenidad y frescura; rompió con el estereotipo de meditación al instante. Tal vez no tendría que escabullirme por la puerta trasera después de todo.

Ella me guio a través del método Silva Ultramind en un solo taller. En el transcurso de un día, comprendí cómo acceder a estados mentales alterados a través de la meditación.

Según aprendí, el legado de José Silva, quien murió en 1999, fue enseñarle al mundo técnicas de programación mental que rompieron el molde de la meditación pasiva tradicional. No se trataba de despejar tu mente y olvidar tus problemas, sino de convertir tus problemas en *proyectos*. El objetivo era aprender guiones mentales diseñados para programar la mente al igual que una computadora. Esto permitiría borrar malos hábitos, acelerar el proceso de curación e incluso manifestar sueños. Silva llamó a este acercamiento a la meditación «activo» para distinguirlo de los enfoques «pasivos» más tradicionales.

Salí de ese seminario con más paz de la que había tenido en toda mi vida. No sabía que la meditación podía ser tan útil ni que estaba a punto de aumentar de manera exponencial mi interés en el estudio científico de la meditación como medio para mejorar el rendimiento.

Volví a San Francisco y comencé a practicar la meditación. Medité todos los días a partir de entonces (de manera bastante obsesiva), usando todas las técnicas que Amanda me mostró. Si esto no funcionaba, no sabía cómo obtendría el alquiler del próximo mes, así que puse manos a la obra. Me sentaba todas las mañanas a meditar y visualizaba que mis ventas se duplicaban. Sentía la emoción de manera anticipada y celebraba haber alcanzado mis objetivos como si ya lo hubiera hecho. Respiraba profundamente y me concentraba en este nuevo vínculo con mi instinto más visceral. Comencé a escuchar con atención a mi voz interior para usarla en el trabajo.

Hice un gran cambio: decidí no llamar a los abogados en el orden alfabético de las Páginas Amarillas. En lugar de eso, me relajaba, entraba en mi estado meditativo, sintonizaba con mi intuición y pasaba el dedo por las páginas; cuando llegaba a un nombre que «sentía» correcto, me detenía. Solo llamaba a esos números. Al final de esa primera semana, mi tasa de cierre de ventas se duplicó.

La meditación también ayudó muchísimo a disminuir mis niveles de estrés, así que estaba concentrado desde el principio. Usé mis nuevos niveles de energía y empatía para conectarme *correctamente* con quien levantara ese teléfono, lo que hizo maravillas para mi relación con el cliente. ¿Adivina qué pasó? Dos semanas después, mis ventas se habían duplicado de nuevo.

Y eso no fue todo. Empecé a valerme de la visualización creativa con una técnica llamada pantalla mental (llegaremos a eso en el capítulo 4). Un mes después, mis ventas volvieron a duplicarse. Me ascendieron tres veces en los siguientes cuatro meses. Me convertí en el vicepresidente de ventas, pero eso no me bastó. Le pregunté al fundador de la compañía si podía dirigir su inexistente división de desarrollo de negocios. Era tan bueno en mi trabajo que el fundador de la compañía terminó dándome ambos puestos. Vishen Lakhiani, 26 años, vicepresidente de ventas y gerente de desarrollo comercial.

Mi jefe estaba pensando lo mismo que tú:

—¿Cómo diablos lo haces, Vishen? —me preguntó con el ceño fruncido y los brazos cruzados.

—Meditación e intuición —le expliqué. Hubo una larga pausa.

—Sí, cómo no... ¿Puedes seguir haciéndolo?

El inconveniente efecto secundario de la meditación

Me quedé en la compañía durante 18 meses más, perfeccioné mis habilidades de meditación y cerré una astronómica cantidad de ventas; pero en el transcurso de ese tiempo algo había cambiado: yo.

Verás, cuando comienzas a meditar sucede un inconveniente. Empiezas a transformarte en una mejor persona. Tu vida se convierte en algo más que una búsqueda por hacerte rico e impresionar a tus padres. Cuando meditas con frecuencia, tu enfoque se mueve, poco a poco, de tu propio ego hacia algo más significativo. El efecto secundario más común e inesperado de la meditación es que terminas preocupándote por la humanidad mucho más de lo que te creías capaz. Así que después de un par de años en esa compañía de *software*, me sentí un poco desilusionado, espiritualmente hablando. Tuve «éxito», pero me volví hiperconciente; una vez más, mi trabajo se sentía vacío de verdadero valor. Tenía que haber más en la vida. ¿A quién estaba ayudando? ¿Cuál sería mi legado? Llámame *hippie*, llámame *new age*, llámame loco, pero decidí que renunciaría (de nuevo) a mi puesto generosamente remunerado; pero esta vez haría algo bueno por la humanidad. Si la meditación me había llevado hasta este punto, tal vez podía confiar en ella para guiarme al lugar al que estaba destinado.

Un mes después estaba en mi computadora, contemplando mi próximo gran cambio de carrera. Había llegado a un bloqueo de primer orden: una crisis existencial. Naturalmente, hice lo que cualquier otra persona haría en un momento así. Busqué en Google mi pregunta:

¿Cómo cambio el mundo?

Casi de inmediato vi esta cita de Nelson Mandela:

«Si quieres cambiar el mundo, cambia la educación».

Uf. Eso fue rápido. Gracias, Nelson. Pero ¿qué podía enseñar *yo*? Seamos honestos, los talleres de ingeniería informática no pondrían a la humanidad en un estado de felicidad eterna. Además, tenía que ser algo que me apasionara. Tenía que ser algo que faltaba en el sistema educativo. Entonces lo vi con claridad.

Mi mente viajó a la escena que viví en Los Ángeles. Me vi a mí mismo solo en esa sala de seminarios de meditación, en la clase que, literalmente, me transformó en un día. ¿Por qué el tema nunca surgió en mi carrera de veintinueve mil dólares al año en la Universidad de Michigan? ¿Por qué fui la única persona que se presentó? ¿Dónde estaban la meditación, la intuición y los estudios de crecimiento personal en el sistema educativo? El resto es historia.

Para no hacerte el cuento largo, me convertí en un instructor de meditación certificado por el método Silva Ultramind e impartí clases en Londres y Nueva York durante cinco años.

Mucho tiempo después, fundé mi empresa, Mindvalley. Me enorgullece decir que en ella hemos logrado llevar la meditación a millones de personas. Hoy en día, es una de las compañías de aprendizaje de los distintos aspectos de la vida más grandes del mundo. Cubrimos todas las bases de lo que los humanos necesitan para una vida plena: mente, cuerpo, espíritu, emprendimiento, rendimiento y habilidades interpersonales. Al centro de todo esto está la meditación. Hemos sido votados como uno de los lugares de trabajo más felices del planeta porque practicamos lo que predicamos; al momento de escribir este libro, Mindvalley se convirtió en una de las compañías de crecimiento personal más valiosas en el mundo, con más de veinte millones de seguidores a nivel global e ingresos cercanos a los cien millones. Algunos dicen que tuve suerte y tienen razón. Conocí a las personas adecuadas en el momento oportuno y pude basar mi carrera en algo que siento que podría cambiar el mundo para bien, pero todo fue parte de un plan y agradezco a la meditación por llevarme hasta aquí.

Hay, por supuesto, cientos de tipos de meditación, pero lo que estás a punto de aprender en este libro es cómo practicar una mega meditación condensada, hipereficiente, mágica, creadora de alegría, que induce a la productividad y que cumple objetivos: el método de las 6 fases. Armé la secuencia basándome en todo lo que he aprendido sobre la meditación durante veinte años, además, se fundamenta en una gran cantidad de investigación y aprendizaje. He podido hacer esto porque tengo una ventaja especial: a través de Mindvalley he llegado a conocer y a entrevistar a más de mil mentes de líderes en el rendimiento humano, la espiritualidad y los diversos estados mentales.

Así que lo que hice fue refinar miles de años de sabiduría psicoespiritual, tanto antigua como de vanguardia, elegir las mejores partes, traducirlo todo en un lenguaje sencillo y ponerlo en un orden lógico. Jaqueé la meditación. Miles de años de investigación científica y espiritual extremadamente compleja en una práctica amigable con todo el mundo, que dura de quince a veinte minutos: la meditación en 6 fases.

Introducción

Quiero comenzar esta introducción con una afirmación que de seguro te va a confundir: no soy un gran fan de la meditación. Antes de que cierres este libro y me etiquetes como el hipócrita antibudista, escúchame. A pesar de enseñar meditación a millones de personas, siento que la palabra no da en el clavo.

Aunque llamé a esta secuencia *meditación* en 6 fases, y aunque leerás la palabra mil veces a lo largo de este libro, es solo porque no hay otra que abarque mejor el proceso, por lo menos de una manera que todos entiendan o que los apele. Además, seamos realistas, me gustaría que las personas que están interesadas en encontrar un poco de paz interior y vivir una vida mejor comprendan este libro. Por lo que he visto, la mayoría está buscando en Google *cómo practicar meditación* en lugar de *cómo participar en diversas técnicas psicoespirituales multifacéticas de entrenamiento mental trascendente*... Entonces, ¿puedes culparme?

«Meditación» es una forma más ágil de decirlo, pero es demasiado general, además de estigmatizada. Es como «ejercicio». *Ejercicio* es la palabra general para cardio, pesas, aeróbicos, yoga, natación, senderismo, trampolín e incluso *pole dance*; al igual que *meditación* es una palabra general para una gran cantidad de prácticas mentales. Tiene muchos matices.

Del mismo modo, al igual que a muchas personas les disgusta la palabra *ejercicio*, que evoca imágenes de licras, sudor y rozaduras en los muslos, muchas personas se desaniman al instante ante la palabra *meditación*. Pero el ejercicio puede ser mucho más que zumba y la meditación es mucho más que mantras e incienso.

Además, quienes hacen ejercicio no tienen que ser talla cero ni quienes meditan tienen que ser *hippies new age* con rosarios budistas que te miran a los ojos por demasiado tiempo (no tengo nada en contra de eso, no me malinterpreten).

Profundicemos en esta analogía del ejercicio. Claro, la zumba es buena para ti, pero si quieres desarrollar masa muscular en brazos, tal vez no sea la mejor manera de hacerlo, querrás levantar pesas para eso. Entonces, si, por ejemplo, estás interesado en la meditación para aumentar rápidamente tus niveles de serotonina (el famoso químico de la felicidad), es probable que no llegues allí despejando tu mente. Echa un vistazo a una meditación de gratitud en su lugar. ¿Quieres sentirte amado y compasivo? No hay nada como un poco de meditación de bondad amorosa. ¿Quieres alcanzar los objetivos de ventas? Prueba la visualización creativa. La idea te ha quedado clara: formas radicalmente diferentes de meditación logran cosas diferentes.

Tienes que ser selectivo con el estilo de meditación dependiendo de dónde estás y qué quieres. Justamente así diseñé las 6 fases; son una excelente selección de las mejores prácticas de meditación para darle forma a la mayor parte de tu experiencia humana cotidiana.

Meditación: antes y ahora

Uno de los mayores errores que cometen las personas cuando prueban la meditación por primera vez es que se lanzan de lleno a una técnica muy antigua y específica sin entrenamiento previo. Como consecuencia, terminan sintiéndose mal consigo mismas. Buscan «meditación guiada» en YouTube para calmar su ansiedad y eligen una al azar. Unos segundos después, se extrañan por la tétrica voz que les susurra: «Solo relájate». Se distraen con la imagen cursi en la pantalla y los molestos sonidos repetitivos de flautas. Tratan de despejar su mente, pero terminan pensando en lo que hay para cenar. Cuando pasan 15 minutos, están más estresadas que cuando comenzaron. ¿Por qué? Porque piensan que lo están haciendo mal y que su mente no está hecha para estar quieta. Concluyen que la meditación no es para ellas y nunca más vuelven a intentarlo.

¿Y por qué lo harían? Imagina que saliste a una cita de Tinder con alguien que te aburrió hasta las lágrimas, no se parecía en absoluto a sus fotos y además se la pasó insinuando lo inepto que eras para las citas, ¿por qué demonios querrías volver a intentarlo? Eso es lo que sucede con la meditación. Te dicen que te hará sentir mejor, pero no es lo que prometen; así que, a la mier… con Tinder y a la mier… con la meditación.

Esto lo sé porque he estado allí. Créeme cuando digo que despejar tu mente y concentrarte en tu respiración mientras adoptas la postura del loto no es necesario para cosechar los beneficios reales de la meditación.

Para entender cómo fue que nos equivocamos tanto al introducir una antigua práctica asiática en Occidente, quizá valga la pena explorar sus orígenes.

La meditación es antigua. Se originó en la India hace miles de años. Sus creadores estaban realmente metidos en eso. Se comprometieron tanto que la práctica fue adoptada por los países vecinos bastante rápido. Se extendió como un reguero de pólvora y formó parte de muchas religiones que conocemos hoy en todo el mundo, entre ellas el hinduismo y el budismo. La usaron como una herramienta para obtener paz mental y conectarse con una verdad superior. La usaron para alejarse del *samsāra*, también conocido como el mundo físico, a fin de vincularse con su verdadero ser. La usaron para *iluminarse*. Sin embargo, la manera en la que la gente solía meditar en la India hace unos tres mil años es *muy* diferente de la que la mayoría de nosotros necesita hoy.

Hoy en día no tienes el lujo de escapar de tu pueblo en cualquier momento, encontrar una cueva cómoda y agradable y quedarte allí durante seis meses si las cosas se ponen difíciles. Hoy no puedes confiar en tu comunidad para alimentar a tus hijos mientras estás cantando «Om shanti». Hoy no puedes, sin más ni más, pegar en la puerta de tu cabaña una nota que diga: «¡Estoy meditando en algún lugar de las montañas, no sé cuándo volveré!». No puedes irte como si nada; no si deseas mantener relaciones saludables (sin mencionar un saldo bancario saludable). La vida es diferente en la actualidad. Eso no quiere decir que no puedas cosechar los mismos beneficios de la meditación hoy que hace unos miles de años. De hecho, los necesitamos ahora más que nunca. Desde el 2012, el número de personas que practican meditación se ha triplicado[3] y eso es totalmente comprensible y muy positivo, pero nos estamos equivocando. Estamos perdiendo de vista el objetivo porque estamos tratando de replicar esas prácticas monásticas dentro del caos que es la vida moderna y luego nos culpamos cuando fallamos. Es como tratar de encajar una clavija cuadrada en un enchufe redondo.

¿Recuerdas que abrí este capítulo diciendo que no soy un gran fan de la palabra *meditación*? Por eso, porque cuando el humano moderno escucha la palabra, piensa en prácticas monásticas, y eso puede arruinar todo el proceso desde el principio. Prefiero usar la frase *práctica trascendente*. En esencia, una práctica trascendente es cualquier acción que te aleja de tu mundo físico exterior para hacerte ir hacia adentro. Cuando digo *adentro*, me refiero a desconectarte del mundo físico y volver tu atención hacia tu interior con la mente y el alma, lo cual es importante porque vivimos en un mundo que está tratando activamente de evitar que hagas eso. ¿Por qué? Porque no hay ganancias en alguien que tiene todo lo que necesita dentro de sí mismo, ¿verdad?

¿Qué es la meditación en 6 fases?

La meditación en 6 fases es una práctica trascendente de quince a veinte minutos que diseñé a la medida para producir estados óptimos en sus practicantes, reúne seis de las prácticas más poderosas que inducen la salud mental en un enfoque unificado diseñado para el ser humano moderno.

---

[3] Allen, Summer, «The Science of Gratitude», *Greater Good Science Center*, Los Ángeles, John Templeton Foundation, 2018, ggsc.berkeley.edu/images/uploads/GGSC-JTF_White_Paper-Gratitude-FINAL.pdf.

Te invito a descargar la aplicación Mindvalley para ayudarte en tu viaje. El acceso al curso de meditación en 6 fases es gratuito con la compra de este libro. Después de avanzar en cada capítulo, puedes reproducir directamente al audio de meditación para la fase que acabas de aprender. En cada audio, te guiaré con mucho cuidado a través de las 6 fases. El libro y los audios trabajan juntos para complementar tu práctica de meditación.

Lo que más me gusta de la meditación en 6 fases es que cualquiera puede llevarla a cabo *con* facilidad. Es simple y no requiere habilidades especiales. Pero al igual que aprender un arte marcial, donde practicas un golpe diez mil veces para que sea excelente, la fase 6 te muestra cómo afinar cada práctica a la perfección, siempre y cuando seas consistente y te dediques a profundizar. Ahondaremos en los detalles sobre cada fase más adelante, por ahora, debes saber que en cada sesión cubrirás:

Fase 1. El círculo de amor y compasión

Fase 2. Felicidad y gratitud

Fase 3. Paz a través del perdón

Fase 4. Una visión para tu futuro

Fase 5. Domina tu día

Fase 6. La bendición

Si bien el método de las 6 fases es, en esencia, una «meditación» (aunque sabes que no me gusta esa palabra), está fuertemente arraigado en la ciencia y en el estudio personal. Con él obtienes todos los beneficios de la meditación sin la confusión, el estrés y las reglas obsoletas que, por desgracia, vienen con ella. Es una compilación de todo lo que he aprendido al entrevistar, durante dos décadas, a más de mil líderes en el mundo sobre el potencial humano y la mente. Es la mejor y más fácil práctica que existe y la mayoría de las personas que la prueban de verdad la aman.

Lo sé porque la he probado en millones de personas. Hay una razón por la que los atletas de los principales equipos deportivos de Estados Unidos, desde la NBA hasta la NFL, la están usando. Hay una razón por la que las estrellas de rock, los empresarios, los actores de Hollywood y las personas más exitosas del mundo se sientan todas las mañanas y hacen el esfuerzo de incorporarla a su rutina.

Como verás cuando lo practiques, el método de las 6 fases no solo se centra en lo espiritual (algo que, por supuesto, obtendrás), también se concentra en el rendimiento. Afecta de manera activa la forma en la que te desarrollas en el mundo, por lo que puedes ayudar a que sea un lugar mejor. Así que practícala en pijama y únete al club. No se necesita experiencia, cuentas de oración, votos de castidad, cantos o incienso.

Para los que no son nuevos en la meditación

Quiero tomarme un momento para reconocer a los meditadores expertos allá afuera; los que estudiaron meditación tradicional durante años, los que pidieron un préstamo para encontrarse a sí mismos en un áshram en la India, los que probablemente están un poco molestos conmigo en este momento. Por favor, no lo estén.

Cada meditación que han hecho ha sido beneficiosa y no quiero quitarle ningún valor. Solo me estoy acercando al concepto de una manera un poco diferente y actualizada. Quiero que sepan que ustedes también están en el lugar correcto. Es mi intención llevar las 6 fases a miles de millones de personas y para eso, debo hacer que la jerga y la técnica sean comprensibles para todos. Nadie se queda atrás.

La complejidad nunca debe confundirse con la eficacia. Y el método de las 6 fases es efectivo. Está totalmente optimizado. Es una poderosa práctica de entrenamiento mental, y no necesitas un conjunto de habilidades especiales para la meditación que te ayuden a cosechar los innumerables beneficios. Así que no, no hace falta desaparecer en las colinas y asistir a un retiro de meditación de diez días para encontrar la paz (aunque si eso es lo tuyo, por favor continúa disfrutando de esa pausa, también me gusta un buen retiro de vez en cuando). No necesitas forzarte a sentarte en la postura del loto durante una desgarradora sesión de una hora. Solo necesitas de quince a veinte minutos y un lugar cómodo.

Cuando se trata de meditación, la regla de «cuanto más tiempo, mejor» es un mito. Con el entrenamiento mental adecuado, puedes cosechar lo mismo —y reitero, *lo mismo* se obtiene con una fracción del tiempo.

El modelo de dosis mínima efectiva de meditación y ejercicio

La meditación en 6 fases es algo así como el método Tabata. ¿Alguna vez has oído hablar de él? Los científicos japoneses introdujeron este entrenamiento al mundo a principios de la década del 2010, y desde entonces el ejercicio nunca ha sido el mismo para los adictos a la vida saludable. Aquí está el principio detrás de ello: cuatro minutos de ejercicio intenso pueden producir los mismos beneficios que un entrenamiento más lento de una hora. Se trata de la dosis mínima efectiva para obtener los máximos resultados. ¿Por qué pasar una hora de tu día agitado sudando miserablemente en una clase cuando cuatro minutos en casa pueden quemar la misma cantidad de grasa abdominal? De la misma manera, ¿por qué gastar diez días (y todo tu dinero para gastos prescindibles) en un retiro cuando puedes acceder a la meditación en 6 fases de forma gratuita y cosechar el mismo bienestar?

Comprender las 6 fases a través de un juego de computadora de la década de los ochenta

La mayoría hemos jugado juegos de computadora, ¿verdad? Como un niño que creció en los años 80, eran mi *vida*. Uno de los mejores fue *Rings of Zilfin*.

Todos los días después de la escuela tomaba el disquete y me transformaba en un pequeño personaje llamado Reis que saltaba arriba y abajo con entusiasmo en la pequeña pantalla de mi incómodo escritorio. Tenía un trabajo muy, muy importante que hacer.

Verás, hace mucho tiempo, los zilfins (increíbles seres mágicos) construyeron un reino encantado de paz y abundancia en la tierra de Batiniq. Crearon dos anillos de gran poder que, juntos, hacían que el usuario fuera invencible. Por desgracia, el malvado lord Dragos encontró uno de estos anillos y, con su impresionante conocimiento en magia negra, acumuló inmensos niveles de poder y comenzó a saquear Batiniq. Si encontraba el segundo anillo, el universo estaría acabado. ¿Quién era el pequeño que se interponía entre lord Dragos y la dominación mundial? Yo.

Mi personaje, Reis, era un niño que debía embarcarse en una noble búsqueda para encontrar a los zilfins (y el infame segundo anillo). Entonces, y solo entonces, podría usar sus habilidades mágicas para matar a lord Dragos de una vez por todas.

Como el humilde Reis, tenías que viajar a través de un mundo muy *funky* y ochentero para aprender diferentes habilidades mágicas en el camino. Seamos realistas, si vas a enfrentarte al malvado lord Dragos y salvar el día, vas a necesitar algunos poderes especiales. Durante el juego siempre estabas mejorando diferentes aspectos de tu personaje. Reis tuvo que subir de nivel su velocidad, su carisma, sus armas, su talega de oro y sus hechizos para tener la oportunidad de salir vencedor.

Como un niño de 12 años, este juego fue increíble... pero terminé por aburrirme.

Yo era un niño impaciente y solo quería salvar a Batiniq, tomar una malteada de chocolate para celebrar y acabar; así que jaqueé el juego. Mi yo *geek* más joven se dedicó a aprender programación de computadoras en su tiempo libre. Averigüé qué variables en el código se podían jaquear para darle a Reis habilidades especiales ilimitadas. Aumenté de manera exponencial la resistencia de mi personaje. Tripliqué la cantidad de oro que tenía en mi saco solo por diversión. Cuadrupliqué mi fuerza. Ajusté la precisión de mi arco y flecha a la perfección. Sobra decir que subí mi carisma un 30 %, en caso de que alguna que otra encantadora dama virtual pasara por allí. Al final procedí a pasar por los niveles, matar a lord Dragos, terminar el juego y disfrutar de mi malteada de chocolate.

A medida que crecía, un pensamiento cruzó mi mente: ¿era posible que *Rings of Zilfin* fuera un ingenioso reflejo del crecimiento personal? Lo que aplica para Reis aplica para todos nosotros en el mundo real. Así como Reis necesitaba velocidad, hechizos, oro y armas de último modelo para evolucionar y cumplir la misión, concluí que necesitábamos hacer lo mismo en la vida real para tener la oportunidad de crecer.

Nosotros, por supuesto, precisamos habilidades diferentes para triunfar en la vida moderna (así que ya puedes bajar esa hacha). ¿Cuántas? Lo has adivinado. Seis.

Necesitamos los seis elementos de la meditación en 6 fases para ganar el premio mayor, el de una vida profundamente satisfactoria. De este modo, cuando lleguemos al final de nuestro propio juego como seres humanos, podemos hacerlo sintiendo que hemos tenido éxito en nuestra búsqueda.

En el 2012 delineé una estructura simple, la llamé la meditación en 6 fases y comencé a usarla todos los días para subir mis niveles. Cuando mis amigos me pidieron que la compartiera, la puse en YouTube sin darle gran importancia. Luego se expandió y cobró popularidad.

Una introducción a las 6 fases

Como puedes ver, la meditación en 6 fases es otro ejemplo de mis aventuras como jaquer, pero esta vez se trata menos de matar a lord Dragos y más de despejar los obstáculos entre tú y tu mejor vida.

Con estas seis cualidades, nos convertimos en las versiones más extraordinarias de nosotros mismos en el momento presente, además, nos equipan con las herramientas que necesitamos para un futuro increíble; y sin lord Dragos, alias la voz pesimista, estresada y de mente cerrada que nos obstaculiza, *no habrá nada que nos detenga*.

Al igual que Reis desarrolló sus superpoderes, tú reunirás los tuyos a lo largo de la meditación en 6 fases, las cuales son:

Fase 1. El círculo de amor y compasión

Logramos esto con un protocolo para activar el amor profundo y la conexión. Esta es una herramienta muy poderosa. No solo aumentará tu vínculo contigo mismo, sino que mejorará tus relaciones con los demás y con el mundo. Este protocolo te convierte en un ser humano más amable y agradable. Todos necesitan algo de amor y compasión en sus vidas (no importa cuánto lo nieguen), por eso la categoría de la compasión ocupa un lugar de honor como la primera fase oficial.

Fase 2. Felicidad y gratitud

Esto aumentará un nivel tu barra de felicidad cada vez que lo practiques. El secreto de la felicidad es la gratitud. La gratitud es el mejor remedio para la «mentalidad de escasez» y tiene prioridad sobre cualquier otro entrenamiento mental. Aumenta la energía, reduce la ansiedad, mejora el sueño y, según algunos estudios, es la característica más asociada con los sentimientos de bienestar.[4] Si bien es vital tener metas para el futuro, es igual de importante detenerse y apreciar lo que has logrado hasta ahora.

Fase 3. Paz a través del perdón

Esto te quitará un gran peso de encima y te permitirá seguir adelante con tu vida como una persona más fuerte, mejor y más resiliente. Estar en paz con el mundo y las personas que te rodean es una de las maneras más efectivas de mantener la *feliciplina* (la disciplina de proteger tu dicha) y de volverte *inalterable*, o alguien a quien nadie pueda joder (más sobre esta idea en el capítulo 3).

El perdón es un superpoder. Además, los estudios demuestran que puede traer beneficios de salud inesperados y profundos, incluyendo la reducción del dolor de espalda, un mayor rendimiento atlético, una mejor salud cardíaca y mayores sentimientos de paz interior.[5]

---

[4] Allen, Summer, «The Science of Gratitude», *Greater Good Science Center*, Los Ángeles, John Templeton Foundation, 2018, ggsc.berkeley.edu/images/uploads/GGSC-JTF_White_Paper-Gratitude-FINAL.pdf

[5] Carson, James W. *et al.*, «Forgiveness and Chronic Low Back Pain: A Preliminary Study Examining the Relationship of Forgiveness to Pain, Anger, and Psychological Distress», *Journal of Pain*, vol. 6, no. 2, Feb. 2005, pp. 84–91, doi.org/10.1016/j.jpain.2004.10.012.

Fase 4. Una visión para tu futuro

Brinda una enorme energía el tener una visión que te empuje hacia delante, una imagen de cómo quieres que se desarrolle tu vida. Esta fase te permitirá afinar tu plan de acción para fijar tus objetivos a largo plazo y descubrir la vida que de verdad quieres vivir (además, te ayudará a manifestarla). En esta fase, aprenderás cómo aplicar la visualización para crear una visión emotiva y detallada de tu futuro y llevarla a la realidad.

Fase 5. Domina tu día

Esto te dará una sensación de control sobre el día venidero y te ayudará a lograr lo que necesites; además, traducirá tus sueños futuros en pasos prácticos que podrás emprender de inmediato.

Cuando ves que tu día perfecto se desarrolla, estás preparando el sistema de activación reticular (SAR) de tu cerebro para darte cuenta de las cosas positivas que vendrán, en lugar de centrarte en lo que podría salir mal. No solo eso, hay un poderoso ideal espiritual en esta práctica que da como resultado una manifestación más rápida, suerte y sincronicidad en tu vida cotidiana (más sobre esto en el capítulo 5).

Fase 6. La bendición

Lograrás esto conectándote con un poder superior. Ello ahondará en tus más profundos sentimientos de ser parte de un universo benevolente, te ayudará a darte cuenta de que no estás solo y que la vida apoya tus objetivos.

Puedes cosechar los beneficios de esta fase final, seas una persona espiritual o no. Si crees que hay un poder superior, puedes invocarlo y recibir una bendición, un hermoso final para completar la meditación. Si no crees en un poder superior, puedes imaginar que estás llamando a tu fuerza interior. Eso es todo: fácil. Tarda treinta segundos. Es la cereza de una experiencia increíble.

El arte de doblar la realidad: cómo se fusionan tu presente y tu futuro

La meditación en 6 fases no está estructurada al azar, como mencioné anteriormente.

Es posible que ya lo hayas notado, pero si miras las seis secciones anteriores, observarás que las primeras tres fases se centran en tu pasado y presente y las últimas tres, en tu futuro.

Las primeras tres fases conforman lo que yo llamo el *pilar de la felicidad*. No hay nada como las prácticas de compasión, gratitud y perdón para facilitar tu alegría en el ahora, así como para liberarte de las cadenas del pasado. Son estas prácticas las que favorecen tu paz interior y te permiten sintonizar con un profundo sentido de plenitud, liberarte de la negatividad y de todo lo que te ata a tus prejuicios.

Luego está el segundo pilar. Es necesario que ambos pilares se mantengan fuertes para vivir una experiencia humana óptima. Las fases 4, 5 y 6 conforman lo que yo llamo el *pilar de la visión*. Este pilar se compone de tu conocimiento intuitivo más profundo sobre hacia dónde quieres que vaya tu vida. Se trata de en quién quieres convertirte, cómo quieres sentirte, qué quieres lograr, qué experiencias quieres disfrutar y en qué quieres contribuir. Se trata de lo que quieres dejar atrás cuando hayas partido de este mundo.

Juntas, las 6 fases se ven así:

1. Compasión
2. Gratitud   } pilar de la felicidad
3. Perdón
4. Visión de tu futuro
5. El día perfecto   } pilar de la visión
6. La bendición

Este es un poema que me encanta y muestra cómo estos dos pilares actúan para crear una vida bien vivida. En su octagésimo sexto cumpleaños, hace casi un siglo, John D. Rockefeller Sr. escribió un poema que refleja a la perfección cómo se siente la vida una vez que fijas la idea de satisfacción en el momento presente y trabajas hacia tus metas:

> *Temprano me enseñaron a trabajar y a jugar;*
> *mi vida ha sido una larga y feliz fiesta,*
> *llena de trabajo y llena de juego.*
> *dejé caer la preocupación en el camino*
> *y Dios fue bueno conmigo todos los días.*

—*John D. Rockefeller Sr.*

Suena genial, ¿verdad? Cuando logras el equilibrio entre tu pilar de la felicidad y tu pilar de la visión, encuentras el secreto de la vida misma, el secreto que hizo de Rockefeller uno de los hombres más ricos en la historia de la humanidad. Y digo «rico» en todos los sentidos de la palabra.

El problema es que muy pocas personas tienen los dos pilares completamente sólidos y terminan cayendo en trampas de las que es bastante difícil salir.

La espiral negativa, la trampa de la realidad actual y el rincón de la ansiedad

Este título parece un giro extraño en una novela de C. S. Lewis, ¿no? Pero esta parte es clave si quieres entender la importancia de fortalecer ambos pilares de tu vida en igual medida.

Echa un vistazo al siguiente gráfico de *El código de la mente extraordinaria: diez leyes no convencionales para redefinir su vida y tener éxito en sus propios términos.*[6] Date un momento para ubicar en dónde crees que podrías estar.

---

[6] Lakhiani, Vishen, *The Code of the Extraordinary Mind: Ten Unconventional Laws to Redefine Your Life and Suceed on your own Terms*, Nueva York, Rodale, 2016.

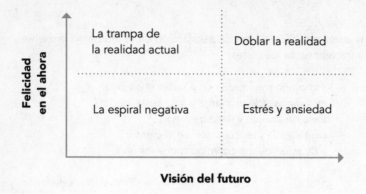

Visión del futuro

Baja felicidad, baja visión: la espiral negativa

Si sientes que estás insatisfecho con tu vida tal y como es hoy y no tienes una visión para el futuro, caerás en la espiral negativa. Por desgracia, es el estado más peligroso de todos. Proporciona el caldo de cultivo perfecto para la depresión y la apatía.

Alta felicidad, baja visión: la trampa de la realidad actual

A algunas personas les va un poco mejor. Están encontrando paz en sus vidas tal y como son. Comienzan a disfrutar de estar en el momento y saborear las pequeñas cosas, lo cual es genial. Han solidificado su pilar de felicidad, pero por desgracia, han abandonado su pilar de visión y caen en la trampa de la realidad actual.

Esto, para mí, es una trampa porque tu felicidad se vuelve fugaz. Fluctúa según lo que está sucediendo en el ahora, pero la verdadera realización se compone tanto de satisfacción como de visión. Es a través de tener una visión que tu felicidad puede beneficiar a la humanidad de una manera cada vez mayor. No saber qué quieres hacer o qué huella quieres dejar en el mundo te convierte en un pasajero en tu propia vida. Estás a merced del flujo y tu estado depende por completo de la marea. Eres un pedazo de madera a la deriva, un pedazo de madera contento, pero, de cualquier modo, estás a la deriva.

Baja felicidad, alta visión: el rincón de la ansiedad

Hay otro grupo de personas que carece de un fuerte pilar de felicidad, pero sí tiene una visión. Pueden estar insatisfechos en este momento, pero tienen un deseo ardiente de cambio, de que las cosas sean diferentes. Es genial que estén motivados, pero por desgracia, a menudo caen en el rincón de la ansiedad.

Si todo el tiempo te enfocas en el futuro y fijas tu felicidad allí, serás cada vez más infeliz en el presente. Se llama la *paradoja de la intención*. Eso es porque tu intención de ser feliz te está haciendo… infeliz. Y la ironía es que cuanto más infeliz eres y cuanto más bajo es el ambiente de tu vida cotidiana, menos probabilidades tienes de alcanzar tus objetivos. Los empresarios que siempre buscan esa próxima gran venta, los estudiantes que luchan por obtener esas altas calificaciones y los solteros desesperados que quieren encontrar el amor son algunos de los mejores ejemplos. Si tan solo supieran que la felicidad en el momento presente era el ingrediente faltante para catapultarlos hacia sus metas.

En el libro *La felicidad como ventaja*,[7] el psicólogo Shawn Achor cita algunos estudios increíbles que demuestran cómo nuestros niveles de felicidad dictan nuestro rendimiento. Según Achor, las personas felices:

1. Tienen más posibilidades de alcanzar sus sueños.
2. Son médicos mucho mejores que proporcionan diagnósticos un 19% más precisos que la norma.
3. Son vendedores increíbles, pues obtienen un 50% más de ventas que el promedio.
4. Rinden mejor que los estudiantes infelices en los exámenes académicos.

---

[7] Achor, Shawn, *The Happiness Advantage: How a Positive Brain Fuels Success in Work and Life*, Nueva York, Currency, 2013.

Así que ahí lo tienes: ser feliz en el presente no va a tener ningún efecto perjudicial en tus sueños, por el contrario. Cuando estás feliz, aprecias cómo es tu vida en este momento (solidificando el pilar de la felicidad), tienes un buen plan para tu futuro (solidificando el pilar de la visión) y te gradúas en la categoría final en el gráfico: doblar la realidad.

Nivel de felicidad alta, visión alta: doblar la realidad

Llamé a esta categoría *doblar la realidad* porque una vez que te diriges a esta área, la vida se moldea alrededor de la persona en la que te has convertido.

Imagina esto: te despiertas cada mañana agradecido con tu vida presente y tus visiones para el futuro te sacan con suavidad de la cama. Eres consciente de tu misión y todos los días das pasos para cumplirla mientras vives plenamente en el presente. Contribuyes al mundo y al mismo tiempo creas tu propia satisfacción. Estás orgulloso de lo lejos que has llegado y descansas tranquilamente por la noche sabiendo que las cosas solo van a mejorar.

Cuando estás en este estado, la vida se siente diferente. Es casi mágico. Estás en *flow*: un estado de mayor enfoque y conciencia. Las coincidencias y la sincronicidad ocurren en abundancia. Las personas adecuadas entran en tu vida y por la forma en la que vives parece que tienes suerte. Cuando estás en este nivel, no puedes evitar creer en algo más grande que el mundo físico, porque la magia es una parte diaria de tu vida, pero para llegar a este punto, tienes que asegurarte de que tu pilar de visión sea tan fuerte como tu pilar de la felicidad y ahí es donde entra en juego la meditación en 6 fases.

Recuerda: esta meditación no se trata de meditación

Para mí, perfeccionar estas prácticas tanto como pueda es mi prioridad número uno, no solo a la hora de meditar, sino en mi vida.

Es gracias a la meditación en 6 fases que tengo relaciones profundas e íntimas con mis seres queridos y una carrera de la que estoy orgulloso. Es gracias a ella que puedo decir, con la mano en el corazón, que la mayoría del tiempo, soy una persona feliz. Porque, como hemos visto, la meditación no se trata de los quince minutos que te sientas en tu cojín. Se trata de los cambios reales y para bien que ves en ti mismo cuando te levantas.

Nadie es perfecto, y nuestros defectos, como alguien muy cercano a mí observó una vez, nos hacen increíbles. La meditación no se trata de negar nuestros lados oscuros. Lo que sí logra es hacerte más consciente de tu cretino interior para que puedas notarlo cuando aparece e intenta causar estragos en ti y en los que te rodean. La meditación, sobre todo la de las 6 fases, te hace responsable de la mejor versión de ti mismo. Te mantiene en el buen camino hacia tu visión única del futuro, tus sueños, tus valores y tus aspiraciones. En resumen, esta secuencia de meditación —lo digo yo mismo— es increíble más allá de toda medida. Me alegra que estés a punto de hacerla tuya y cosechar los increíbles beneficios, sin esforzarte por alcanzar el irreal objetivo de vaciar la mente. Abordemos ese último punto.

Por qué no tienes que despejar tu mente durante la meditación en 6 fases

La mayoría de las prácticas de meditación, de alguna manera, se centran en el objetivo de despejar, o al menos aquietar, la mente. Ahora, no sé ustedes, pero siempre me ha parecido un poco raro.

Claro, puede sentirse muy bien presionar el botón de pausa en patrones de pensamiento opresivos, no lo niego, pero como dice la guía de meditación de Mindvalley, Emily Fletcher: «Pedirle a tu mente que deje de pensar es como pedirle a tu corazón que deje de latir». Pensar tiene una mala reputación en muchas prácticas espirituales y el ego a menudo es demonizado, pero no tiene nada malo si descubres que tu mente se vuelve salvaje cuando te sientas en tu cojín de meditación. Hay una razón por la que las antiguas escrituras budistas describen la mente como «un mono borracho saltando de rama en rama». La mente está destinada a ser así, así funciona. Entonces, aunque vale la pena entrenar a tu cerebro para calmarse un poco por su propio bienestar, hay más de una manera de hacerlo; instruir a tu mente para que «deje de pensar» no va a ser suficiente, ¿verdad? Es por eso que la meditación en 6 fases está estructurada de manera tan compacta. En lugar de tratar de bloquear el pensamiento, estamos aprovechando su poder para acceder a los verdaderos beneficios de la meditación. No estamos matando al mono en un intento por encontrar sus plátanos. Lo estamos entrenando para cosecharlos por nosotros. ¿Entiendes?

Emily Fletcher también dice:

> *Si entendemos que el objetivo de la meditación es ser bueno en la vida, no ser bueno en la meditación y si aceptamos la realidad de que nadie puede darle a su mente una orden para detenerse, se vuelve mucho más inocente, mucho más jovial y mucho más agradable.*

Ahora, comencemos.

Cómo practicar la meditación en 6 fases

¿Listo para jaquearte a ti mismo en nombre de una experiencia terrenal óptima? Entonces te espera la meditación en 6 fases. Puedes acceder a ella ahora mismo, de forma gratuita, en la aplicación Mindvalley o en el sitio web (describiré cómo hacerlo en esta sección). Una de las mejores cosas de esta meditación, como dije al principio de este libro, es que es adecuada para todos. Nadie se queda atrás u olvidado. No necesitas ninguna habilidad especial, ningún entrenamiento formal ni esas cuentas de oración, para que quede claro. De hecho, mandemos a los estereotipos a dormir de una vez por todas. Voy a comenzar esta sección con una lista de cosas que *absolutamente no* necesitas antes de convertirte en alguien que medita «de verdad».

La lista oficial de Vishen de cosas que *no* necesitas comprar para convertirte en alguien que medita de verdad

- Cuentas de oración, como dije
- Cuenco tibetano de cuarzo
- Incienso (no me culpes de tu asma
- Todo libre de gluten
- Tés yogui (aunque, claro, soy parcial hacia ellos)
- Colchoneta de yoga
- Calcetines de yoga

- Bloque de yoga
- Pantalones de yoga (¿Entiendes? La meditación *no* es yoga)
- Cristales
- Discos compactos de cantos guturales tibetanos

Todavía no he terminado.

La lista oficial de Vishen de cosas que *no* necesitas hacer para convertirte en alguien que medita de verdad

- Aprender a contorsionarte en la postura del loto
- Despejar tu círculo social de todos los seres «no iluminados»
- Ir a la India para «encontrarte a ti mismo»
- Volverte vegano
- Empezar a seguir a un gurú (no te metas en una secta en mi nombre)
- Organizar sesiones para mirarse a los ojos con extraños
- Equilibrar tus chakras
- Hacerte célibe

No-necesitas-hacer-NADA.

Todo lo que necesitas es a tu linda personita. ¿Tienes un lugar cómodo para sentarte? Bien. ¿Tienes cerebro? Bien. ¿Tienes unos veinte minutos? Bien. Estás listo.

Comparada con muchas meditaciones monásticas dogmatizadas, la meditación en 6 fases es bastante humilde. La diseñé así a propósito. Es desafortunado que quienes más necesitan de la meditación (personas estresadas que trabajan de nueve a cinco y que viven en el agitado mundo moderno) se desanimen por la cultura que a menudo la acompaña.

Si te gustan las cuentas de oración, el incienso, el canto, las selecciones de té de hierbas, por favor, adelante. No hay, en lo absoluto, algo malo con esas prácticas. Lo que quiero enfatizar aquí es que no son un requisito previo para la meditación. Especialmente esta.

Empecemos por el principio

… un muy buen lugar para comenzar.

Paso 1. Olvida todo lo que crees saber sobre la meditación

Lo primero es lo primero: antes de sumergirte en tu práctica y ser transportado al cielo por mi dulce y meliflua voz, olvida todo lo que crees saber sobre la meditación.

Una de las claves más valiosas y menos conocidas para exprimir al máximo cualquier experiencia nueva es comenzar con una mentalidad de principiante muy abierta. Preséntate con una actitud de novato, incluso si sientes que ya tienes experiencia cuando se trata de meditación. Según Jim Kwik, nuestro experto de Mindvalley en funcionamiento cerebral, una de las principales razones por las que las personas no adoptan la nueva información de manera óptima es que están agobiadas por el «conocimiento» previo sobre el tema. Por eso, cuando presiones reproducir en la grabación de la meditación en 6 fases, hazlo sin prejuicios.

Paso 2. Decide cuándo comenzarás a practicar

Encontrar el momento adecuado lo es todo, en especial cuando se trata de meditación. Lo segundo que debes considerar es *cuándo* comenzar tu práctica. Si me lo preguntas, lo mejor siempre es a primera hora en la mañana y hay un par de razones para esto.

En primer lugar, la fase 5 se trata de planificar tu día. Si estás practicando a las ocho de la noche, no te queda mucho de tu «día perfecto». Además, meditar por la mañana te prepara a ti y a todos los que te rodean para unas agradables 24 horas. Si te abasteces de compasión, gratitud, perdón, visión creativa y conexión espiritual antes de tu desayuno estarás en el camino indicado, ¿verdad?

En segundo lugar, tu cerebro está en un estado perfecto (la frecuencia alfa) para prácticas meditativas óptimas específicamente al despertar. Sabemos esto porque nuestras ondas cerebrales se pueden observar y trazar utilizando una máquina llamada electroencefalógrafo (también conocida como máquina de EEG). Cuando comienzas a meditar después, digamos, por la tarde, tu cerebro tiene que cambiar del estado de vigilia cotidiana (beta) a este estado de reposo (alfa), y eso puede ser bastante difícil para los novatos; pero si comienzas a primera hora de la mañana, te estás dando una gran ventaja, porque ya te encuentras en estado alfa.

Paso 3. Avisa a tus compañeros de casa

Si vives solo, puedes omitir esta parte. Tienes las condiciones perfectas para la paz y la tranquilidad a tu alcance, las interrupciones no serán un problema; pero si, como yo, tienes hijos, compañeros de casa, una pareja cariñosa o mascotas hiperactivas, no cuentas con ese lujo. Creo que siempre es buena idea dejar que con quienquiera que vivas sepa cuándo y dónde practicarás y pedirle con amabilidad (o rogarle) que no te moleste. Haz lo que tengas que hacer. Promételes a tus hijos que jugarás con ellos después o dile a tu pareja que le prepararás el desayuno siempre y cuando consideren los quince o veinte minutos que te estás tomando como sagrados.

Paso 4. Decide dónde practicarás

Luego está el dilema de *dónde* practicar tu meditación. A mí me gusta sentarme en la cama tan pronto como me despierto y meditar allí. Cruzo las piernas y empujo una almohada detrás de mi espalda baja, pero repito, no tienes que hacerlo así, puedes mantener tus piernas rectas con un cojín debajo de las rodillas, si lo deseas. Mientras tu columna vertebral esté recta y cómoda y tu cabeza esté libre, estás en una buena posición para meditar. Cama, silla, piso, donde sea. El lugar ideal es la casa, pero si estás en otro lado, en un jardín, un parque o en la oficina, aún puedes hacer que funcione.

Solo no te acuestes, porque esa es una forma segura de dormir quince minutos. Dicho esto, una vez que todo esto se convierta en un hábito para ti, será mucho menos probable que te duermas mientras haces la meditación en 6 fases, incluso si estás un poco cansado. Tu cerebro llegará a entender la diferencia entre el tiempo de meditación y la hora de la siesta. Así que, por ahora, siéntate bien y derecho dondequiera que estés.

Paso 5. *Toma tu teléfono y abre el audio de meditación en 6 fases*

Este es el momento para disfrutar de la meditación en 6 fases en tiempo real. En tu teléfono móvil, abre la meditación para comenzar. Te recomiendo que te regales unos auriculares de buena calidad para que puedas disfrutar de un buen sonido. Obtendrás una experiencia extraespecial si superpones algunos ritmos binaurales (ilusiones auditivas de dos tonos que ocurren cuando escuchas sonidos de diferentes frecuencias en los oídos izquierdo y derecho) o música relajante detrás de la pista. Todas las opciones de sonido están disponibles de forma gratuita en la aplicación.

Si aún no has usado el audio de meditación, aquí hay un par de formas de encontrarlo gratis.

Opción 1. *La aplicación Mindvalley*

La aplicación Mindvalley es, con mucho, la mejor manera y la más fácil de acceder a la meditación en 6 fases. Solo descarga la aplicación Mindvalley, crea una cuenta y da clic en la pestaña «programas» en la parte inferior izquierda. Hallarás todo el programa de la meditación en 6 fases, incluyendo las lecciones y los audios para que los disfrutes gratis con este libro. Si no la ves de inmediato, encuéntrala en la parte superior. Escribe «6 fases» en la barra de búsqueda y cuando aparezca, dale clic para comenzar tu viaje.

Si ya completaste el programa y solo quieres el audio de meditación en 6 fases, ve a la pestaña «meditaciones» en la parte inferior derecha; puedes buscarlo en la barra de dirección escribiendo «6 fases» nuevamente. Una vez que lo encuentres, haz clic en el icono del corazón para convertirlo en uno de tus favoritos. De esa manera, tan pronto como hagas clic en la pestaña de meditación al día siguiente, la meditación en 6 fases aparecerá en automático, sin que tengas que ubicarla en la carpeta.

Además, tendrás acceso a una colección completa de otras meditaciones guiadas y cursos muy efectivos (la aplicación incluye increíbles cursos cortos gratuitos como las tres preguntas más importantes, así como programas más profundos como Silva Ultramind y Be Extraordinary. Todos te ayudarán a profundizar en de tu potencial una vez que hayas terminado de aprender sobre las 6 fases). Así que vuélvete loco, hay un montón de material gratis (y para los cursos que no lo son, puedes desbloquear toda la colección con una membresía de Mindvalley).

Opción 2. El sitio web de Mindvalley

Si no tienes un teléfono inteligente, está bien. Ve al sitio web de Mindvalley (mindvalley.com/6phase) e inscríbete en el programa de meditación en 6 fases para acceder a todo el material que acabo de mencionar. El audio está disponible a lo largo del curso.

Si toda esta charla técnica te está confundiendo, no te preocupes. Es superfácil de usar; solo crea una cuenta de Mindvalley en tu computadora, en Internet. Luego regístrate gratis como lo harías en tu teléfono. El sitio web es muy parecido a la aplicación... solo que en tu computadora.

Paso 6. Respira hondo y sígueme

Es el momento de comenzar la meditación. Te guiaré de principio a fin y navegarás bien por el proceso porque has ido más allá al leer primero este libro.

Recuerda que no tienes que estar en un estado de calma y tranquilidad tan pronto comiences a meditar, llegarás allí al final de la grabación. Parte desde dondequiera que estés, ven tal como eres y disfruta. Será una experiencia muy especial.

Paso 7. Punto extra: movimiento a media meditación

Por favor, no sufras ninguna incomodidad durante esta meditación en nombre de hacerlo «como se debe». Contrario a la creencia popular, no *tienes* que quedarte quieto cuando meditas. Claro, ayuda a la concentración, pero el movimiento no está prohibido de ninguna manera.

De seguro has visto imágenes de monasterios en la India, donde hombres santos se sientan como estatuas todo el día, meditando en pura quietud. Es un espectáculo digno de ver: hermosos e inmóviles, ajenos al clima, a cualquier sonido, a cualquier insecto que pueda aterrizar en su piel. Eso para mí, sin embargo, es una receta para la malaria. Por favor, siéntete libre de moverte cuando lo necesites. Si tu pierna tiene calambres, estírala. Si tu hijo se cae, recógelo. Haz lo que tengas que hacer y luego vuelve a tu práctica.

Paso 8. Punto extra: cuando tus pensamientos vagan

La fase 6 es un regalo para las mentes que deambulan. Si has estado meditando por un tiempo y has explorado el estilo de meditación de «observación», el acto puro de observar la mente y su flujo de reflexión, sabrás que la mayoría de nuestros pensamientos se orientan en torno a dos cosas: resolución de problemas y planificación. Es por eso que la meditación en 6 fases aborda estos elementos directamente.

Esa es una gran razón por la que la fase 3, «Paz a través del perdón» está involucrada. Si estamos enojados con alguien y tratamos de meditar, la mente siempre volverá a lo idiota que es esa persona. Es el modo de supervivencia y es normal. Si tenemos un evento próximo por el que estamos nerviosos, la mente querrá enfocarse en él y prepararse para el peor de los casos. Es por eso que la fase 4 y la fase 5 se centran en forjar un plan positivo y optimista para el futuro cercano y el lejano. Verás, la meditación en 6 fases no sataniza el pensamiento, le da una estructura óptima que se basa en el poder de la mente, mejorando tu vida a largo plazo.

Paso 9. Punto extra: música

Otro mito que me encantaría desmentir es el de la música. Encontrarás muchos meditadores empedernidos que afirman que el silencio helado es el único telón de fondo que debe acompañar a la meditación, pero no estoy de acuerdo. Una vez más, es como la postura del loto. Si prefieres el silencio, si prefieres el loto, adelante.

Cada meditador es diferente y tiene diferentes preferencias, no hay bueno o malo.

En lo personal me gusta meditar con ritmos binaurales de fondo. ¿Por qué? Porque se ha demostrado que los ritmos binaurales proporcionan algunos beneficios sorprendentes. No son solo melodías cursis de ballenas que cantan y yoguis que tocan la flauta. Los ritmos binaurales son creados por una tecnología que reproduce dos frecuencias de sonido —idealmente, una en tu oído izquierdo y otra en el derecho— y a través de unos auriculares buenos, facilitan la práctica de la meditación al sintonizar sus frecuencias específicas en tu cerebro. Suena complejo, pero no lo es en realidad. Voy a contarte sobre un laboratorio en la fase 3, el capítulo del perdón, donde estudian las ondas cerebrales. Todo es medible. Las frecuencias de ondas cerebrales reflejan en qué estado mental te encuentras y los ritmos binaurales te ayudan a pasar del estado beta, activo y despierto, a un estado más descansado, como el alfa. Claro, puedes llegar a ese estado mental tranquilo y zen sin ritmos binaurales, pero si ayudan, ¿por qué no usarlos?

Mientras reproduces la meditación en 6 fases en la aplicación Mindvalley, puedes personalizar el audio de fondo con ritmos binaurales y una gran cantidad de otras melodías relajantes que se adapten a ti.

Ahí lo tienes. Ahora sabes cómo practicar la meditación en 6 fases. Sigue estos pasos y te habrás preparado para una sesión muy productiva que influirá no solo en tu día próximo de una manera muy positiva, sino en toda tu vida. Creo, de todo corazón, que la meditación no tiene el potencial de cambiar *tu* vida nada más, tiene el potencial de impactar en la de todos los que están conectados con la tuya (tengo más que decir sobre esto al final, así que permanece atento).

Me hace más feliz de lo que puedo expresar decirte que estás a punto de unirte a más de un millón de seres humanos que practican la meditación en 6 fases a diario. Bienvenido a bordo.

Levanta tu axila y olfatéala. Adelante, en serio. Quiero llegar a algo. ¿Qué hueles? Es posible que no sea nada demasiado notorio. De hecho, es probable que estés detectando algo más o menos agradable: el fresco olor a desodorante de menta, colonia floral o los restos del gel de ducha que usaste esta mañana; tal vez solo captas el dulce y suculento aroma de tu propia genialidad. Si te hubiera pedido que te olfatearas de la misma manera en 1920, es casi seguro que te habrías desmayado, porque hace cien años, digamos que bañarse no era una prioridad. Tu aliento también habría apestado. ¿Sabías que a principios de la década de los 20, solo el 7 % de los estadounidenses se molestaba en cepillarse los dientes?[8] Dicho esto, hemos progresado bastante en los últimos cien años, ¿no? Hoy en día la mayoría somos conscientes de que la higiene es de suma importancia. Cuando nos bañamos y aplicamos un poco de perfume, no solo lo estamos haciendo por nosotros mismos, también lo hacemos en nombre del deleite olfativo de otras personas.

Entonces, ¿cómo es que mientras miles de millones de personas van al trabajo oliendo a flor de jazmín, la mayoría ni siquiera ha pensado en su higiene mental?

Nos lavamos el cuerpo a diario, pero nos olvidamos de «lavarnos» la mente. Muchas personas, incluyéndome, nos hemos despertado por la mañana con sentimientos de ansiedad, estrés o remordimientos del día anterior. Está bien, es humano. Los problemas surgen cuando elegimos no hacer nada con esos sentimientos, porque al igual que un mal olor, esos estados del ser sin duda afectarán a otras personas. Ya sea de manera consciente o no, es probable que descargues tus frustraciones en el mundo. Cuando estamos perdidos en un océano de nuestros propios problemas, la compasión se va al diablo. Nos hemos preparado para un mal día junto con quienquiera que esté en la línea de fuego.

---

[8]   Kafko, Steven, «History Lesson —How America Started Brushing Teeth», *209 NYC Dental*, 22 de noviembre del 2016, 209nycdental.com/history-lesson-america-started-brush-teeth/.

CAPÍTULO I

FASE 1
El círculo de amor
y compasión

*Es muy posible perder el sentido
de ser un yo separado y experimentar
una especie de conciencia ilimitada y abierta:
sentir, en otras palabras, la armonía
con el cosmos.*

Sam Harris

Compasión: los beneficios

La compasión entrena a tu cerebro para ser más amable, y créeme, en el mundo de hoy, la amabilidad es una ventaja competitiva. Hablaré a detalle sobre ese punto más adelante.

La compasión produce una dicha infecciosa que toca a todos con los que entramos en contacto. Además de hacerte sentir increíble mientras la estás practicando, la compasión también ayuda a evitar que malas vibras innecesarias arruinen tu día o el de alguien más. De pronto, no hay necesidad de hacer una tormenta en un vaso de agua porque entiendes que en realidad no existe una diferencia entre tú y tu prójimo. Con la práctica de la compasión, puedes verte a ti mismo en los demás y, por lo tanto, puedes dejar que las cosas fluyan más fácilmente. Por ejemplo, cuando el mesero se equivoca con tu orden. Conoces la sensación. Ese hundimiento en tu estómago, ese dramático «no puede ser» que se dispara en tu cabeza cuando tu carne no está cocida en el término en el que la solicitaste… Claro, no es el fin del mundo, pero es molesto. Primero muerto antes que dejar propina. Yo soy conocido por dejar muy buenas propinas y no es porque sea adicto a pulir mi aureola. Todo fue un efecto secundario e inesperado de participar en prácticas de compasión.

Hace unos meses, durante un respiro entre los cierres de COVID-19, una amiga y yo decidimos ir a un café local. Fue emocionante porque ninguno de los dos había tenido el lujo de comer fuera en mucho tiempo. Había una cola de personas esperando para entrar y todos estaban felices, sonriendo debajo de sus cubrebocas.

Cuando por fin nos sentamos, pedí alegremente una taza de café y un omelet con aguacate como desayuno a la camarera que se acercó a nuestra mesa. Veinte minutos después, llegó mi café. Tomé un sorbo y estaba tibio; eso, cuando vives en el norte de Europa, significa *frío*. Mi amiga, furiosa ya en ese punto, se reclinó en el asiento e hizo un sonido de desaprobación mientras yo, con toda calma, le pedía un café caliente. Disculpándose, la camarera se escabulló para traerme uno nuevo. Solo que no lo hizo, lo olvidó. Otros treinta minutos después, me trajeron mi omelet, pero faltaba el guacamole. Mi amiga se volvió hacia mí, medio riendo, medio enojada, y susurró: «¡El servicio es horrible!». Seguimos comiendo lo que nos trajeron. Cuando estábamos listos para irnos, le sonreí a la camarera y le dejé una propina de veinte euros. «¿Estás loco?», preguntó mi amiga, frunciendo el ceño. «El servicio fue pésimo; ¡¿por qué demonios le das veinte euros?!». No lo había pensado. Por supuesto, el servicio fue bastante malo, pero era mucho mejor que estar atrapado en casa solo, comiendo comida de microondas. No habíamos puesto un pie afuera en tres meses. Este café era una bendición. ¿Y la mesera? No le guardé rencor. Sentí verdadera compasión hacia ella. Lo más probable es que haya estado desempleada durante esos tres meses que nos la pasamos encerrados. Todos los restaurantes y bares cerraron. Además de estar dolorosamente sola como el resto de nosotros, seguro tenía la preocupación adicional de no saber de dónde vendría su próximo cheque. Tal vez tenía hijos, como yo.

Cuando por fin consiguió este trabajo, le dijeron que tenía que usar una mascarilla sobre la nariz y la boca durante diez horas seguidas en un café abarrotado y congestionado. Alcanzaba a ver la fila de veinte personas que tendría que atender inmediatamente después de nosotros. Era obvio que estaban escasos de personal y lo único que podía hacer era todo lo posible por mantenerse al tanto del interminable flujo de solicitudes… mientras vivía con la incertidumbre de si volvería a perder su trabajo en las próximas semanas. Así que, siendo honestos, desde esa perspectiva, estaba haciendo un excelente trabajo. Tal vez esa propina podría, cuando menos, comprarle una merecida botella de vino o una caja de chocolates para relajarse esa noche. Si no fuera por personas como ella, que trabajan de manera esporádica en atención a clientes durante una pandemia, nos volveríamos locos.

Le expliqué todo esto a mi amiga y recibí un gesto de cortés afirmación antes de continuar con el resto de nuestro día. Lo que no le dije es que esa misma mañana había completado la meditación en 6 fases. Al parecer la fase 1 había dado resultados. Esa meditación de tres minutos me convirtió en una persona menos prejuiciosa y más comprensiva. Los budistas dirían que recibí una inyección de «bondad amorosa», el antídoto contra la tendencia al «efecto de sobreatribución».

Efecto de sobreatribución: cómo juzgamos mal a los demás y nos excusamos a nosotros mismos

Verás, nuestros cerebros son pequeños dispositivos tramposos que se autoglorifican y que están precodificados con ese tal efecto de sobreatribución[9] (algo de lo que de la fase 1 te liberará).

Digamos que estás conduciendo y alguien te intercepta en la carretera. En tu mente, lo culparás en automático. Gritarás: «¡Qué idiota!» (esperemos que solo sea en tu cabeza, no por la ventanilla). En otras palabras, asumes que los demás tienen un defecto de carácter: son groseros, arrogantes, desconsiderados y egoístas, pero cuando eres tú quien corta a alguien, en tu cabeza dices: «¡Oh Dios, lo siento, lo siento, lo siento!». Haya sido un accidente o no, lo justificarás: todavía te estás acostumbrando a tu nuevo coche, estabas cansado porque no pudiste dormir anoche y calculaste mal el espacio que tenías que avanzar, tenías que llevar a tu periquito al veterinario, debías llevar a tu hija a tiempo a la escuela porque era el día de su exposición y no querías decepcionarla... Rellena el espacio en blanco. Entonces, cuando se trata de otra persona, es un defecto de carácter. Cuando eres tú, son solo tus desafortunadas circunstancias. En la historia eres el pobre desgraciado que acaba de cometer un error.

Una vez me llamaron imbécil. Tenía 24 y estaba corriendo por un aeropuerto porque me quedaban, sin exagerar, cuatro minutos para tomar mi vuelo a la conferencia más importante de mi vida. En ese momento estaba trabajando para una organización sin fines de lucro llamada AIESEC, la cual se enfocaba en fomentar la paz mundial. Me pagaban un sueldo de mierda, pero su misión significaba algo para mí, así que me quedé. Había elegido el vuelo más barato que encontré para llegar a la conferencia y, por qué no, cambiaron

---

[9] Tetlock, Phillip, «A Social Check on the Fundamental Attribution Error», *Social Psychology Quarterly*, vol. 48, no. 3, septiembre de 1985, pp. 227–36, faculty.haas. berkeley.edu/tetlock/vita/Philip%20Tetlock/Phil%20Tetlock/1984-1987/1985%20 Accountability%20A%20Social%20Check%20on%20the%20Fundamental%20Attri.pdf.

la hora de mi vuelo de conexión. Así que allí estaba yo, corriendo tan rápido como podía, jadeando y tratando de arrastrar la enorme maleta detrás de mí. Si perdía ese vuelo, no sabía si iba a poder pagar otro y no pensaba cobrarle a una organización sin fines de lucro por él. En mi prisa, tropecé con la maleta de un hombre. Me levanté y seguí corriendo, porque cada segundo contaba. Mientras avanzaba como un héroe, escuché las palabras «¡perfecto imbécil!» resonar a través del corredor del aeropuerto. Era el tipo con cuyo equipaje me había tropezado. Esto me perturbó mucho. No soy un imbécil. Soy un buen tipo. Fue solo un accidente. Sin embargo, es cierto que, si alguien hubiera tirado mi equipaje sin disculparse, probablemente habría pensado lo mismo sobre él.

Ahí tenemos de nuevo el efecto de sobreatribución fundamental. Yo era un chico honesto que estaba tratando de tomar un vuelo y ahorrar dinero porque trabajaba para una organización sin fines de lucro, pero para el hombre que me gritó, yo era un imbécil desconsiderado que rompió la tranquilidad de su día. Un joven sin educación que pateó su maleta y siguió corriendo. Era el mismo hecho, pero percibido desde dos puntos de vista opuestos. Tener un mayor sentido de compasión disuelve esa frontera entre *nosotros* y *ellos*. Como consecuencia, terminas enojándote mucho menos porque entiendes que no todo es blanco y negro. El perpetrador no siempre es un villano y no todos están ahí para fastidiarte. No siempre es un defecto de carácter. Muchas veces las buenas personas cometen errores, al igual que tú. Todos tenemos días malos. Tener un mal día no convierte a nadie en una mala persona, pero cuando esos días malos con «malos comportamientos» se vuelven crónicos, tal vez valga la pena investigar el motivo. Comenzar el día con prácticas sobre la compasión es un gran punto de partida.

El lado egoísta de la compasión

Tengo que ser honesto. No escribí el guion de la fase 1, «El círculo de amor y la compasión» desde un lugar de completa abnegación y amor. No fue solo por la bondad de mi corazón inocente. Claro, es bueno ser amable con otras personas —y claro, quienes te rodean te lo agradecerán—, pero la compasión tiene un lado más egoísta. Si no puedes practicar por puro amor incondicional hacia la humanidad, está bien; hazlo por ti. Cuando practicas la compasión, tu paisaje emocional se vuelve mucho más ligero, mucho más alegre y equilibrado, a largo plazo. Al fomentar sentimientos de estar más conectado con todos y con todo, está de más decir que comienzas a ver el mundo como un lugar menos amenazante. Empiezas a notar lo amable que puede ser la gente. Comienzas a darte cuenta de que el planeta, con todos sus coloridos habitantes, está haciendo lo posible para trabajar *para* ti, no contra ti; y la ciencia lo demuestra. La Universidad de Pensilvania y la Universidad de Illinois hicieron una investigación increíble sobre el efecto de las conexiones sociales fuertes en el cerebro humano, lo llamaron «Estudio de la gente muy feliz».[10] Los científicos querían descubrir el ingrediente secreto detrás del profundo bienestar del *Homo sapiens*. Resulta que ese ingrediente no es un clima cálido o soleado (aunque eso ayuda) ni se puede encontrar en el fondo de una bandeja de donas Krispy Kreme vacía. No es dinero, grandes cantidades de sexo ni éxito profesional. El ingrediente secreto es la fuerza de las *conexiones sociales* de los participantes.

Las personas que de manera consistente son muy, muy felices y que se destacan del resto son las que gozan de profundas relaciones románticas, lazos familiares y amistades. Sencillo. Pero no vas a experimentar nada de eso sin altos niveles de compasión. Cuanto más compasivo eres, más profundas, sólidas y armoniosas se vuelven tus relaciones. La compasión es la moneda social más valiosa que existe. Es muy poderosa.

¿Y qué es la compasión?

La compasión, contrario a la creencia popular, no se trata de sentir lástima por las personas. No es sinónimo de sentir pena. Se trata

[10] Diener, Ed y Martin E. P. Seligman, «Very Happy People», *Psychological Science*, vol. 13, no. 1, enero del 2002, pp. 81-84, doi.org/10.1111/1467-9280.00415.

de crear una *conexión amorosa* con otros seres, sin importar quiénes o de dónde son.

Cuando los monjes budistas meditan sobre la compasión, no están reflexionando sobre todos los males del mundo y cantando «Esto está muy maaaal». Se están conectando con la humanidad y, a veces, con la Tierra misma. Están sintiendo su lugar en el universo y disfrutando de la unidad. Están practicando estar en una relación con *todos* para convivir en un mundo lleno de amor incondicional y paz. Eso es mucho más genial que sentir pena por alguien, ¿no?

La pena es «pobre de ti». La compasión es «que estés bien, compañero de vida, porque en esencia, somos uno y lo mismo». La diferencia es sutil pero significativa. La pena drena tu energía; la compasión la aumenta. No es de extrañar que los monjes budistas siempre tengan una expresión de serenidad superior en sus rostros: descubrieron el santo grial de la compasión mucho antes que nosotros. Dicho esto, innumerables científicos del siglo XXI por fin le están prestando atención al tema y estudiándolo con bastante vigor. Ellos también quieren saber qué es la compasión y si de verdad vale la pena investigarla.

Aquí está la mejor definición de compasión a la que los científicos han llegado hasta ahora:

La compasión es el acto de pasar del juicio al cuidado, del aislamiento a la conexión, de la indiferencia a la comprensión.

Esa es una descripción precisa, si me lo preguntas. Algo fascinante acerca de la compasión es que puedes observar el cariño, la conexión y la comprensión en la tomografía cerebral de alguien. Un cerebro entrenado en la bondad amorosa se ilumina como un árbol de Navidad, *se ve* diferente de un cerebro «normal», muestra más capacidad para ser positivo con facilidad. La compasión literalmente reconecta la mente para mejor.

Para mí, la compasión es simple: es el acto de rendirte ante a una mejor versión de ti mismo. Se trata de ser cálido e irradiar ese calor hacia afuera. Se trata de preocuparnos de manera genuina por nosotros mismos y por otras personas.

Como dijo el gran William Blake: «Y se nos puso en la tierra, para aprender a soportar los rayos del amor». Entonces, ¿qué estamos esperando?

Los desafíos de la compasión

Ahora que sabes un poco más sobre los beneficios de la compasión que puedes obtener para ti y para los demás, es posible que te preguntes por qué no hay más personas hablando de esto. Bueno, la forma en la que estamos viviendo en este momento no nos prepara para el éxito en el departamento de la compasión.

A pesar de que la compasión es un efecto secundario natural de ser humano (la mayoría de los niños nacen compasivos), la sociedad tiende a entrenarnos para dejarla de lado. Déjame probártelo con un experimento. Mira a alguien a los ojos ahora mismo. Si de verdad quieres desafiarte a ti mismo, trata de hacerlo con alguien que no conoces tan bien. Si estás solo, ve a buscar un espejo y mírate a los ojos. Quiero que mantengas esa mirada, sin desviarla, durante un minuto. ¿Cómo se siente? ¿Qué tan incómoda es la conexión básica, primaria y humana para ti? Califícala en una escala de 0 a 10.

Si vives en los Estados Unidos, Canadá, Europa o Australasia, lo más probable es que te sientas bastante incómodo porque en esas áreas del mundo, las personas están entrenadas para creer que la conexión humana *debería* sentirse incómoda. Seguramente te dijeron que no es educado quedársele viendo a la gente. Quizá sentirte observado te haga sentir muy expuesto y vulnerable. Eso es muy triste. No es solo un problema en esas partes del mundo, por cierto. Una cultura de conexión a nivel superficial también se ha extendido a muchas otras partes de Asia, África y América del Sur. ¿Por qué es así? Si la experiencia que más facilita nuestra realización se define socialmente como una actividad grosera, extraña y casi dolorosa... entonces todos estamos condenados. *Tiene* que haber un reaprendizaje. Es por eso que la compasión viene al principio en la secuencia de la meditación en 6 fases, porque los vínculos con los demás no deberían sentirse ajenos a nosotros. Tienen que ser una prioridad estricta en nuestras vidas.

Ahora, predigo que el 99% de quienes lean este libro tendrán una pregunta en este momento. Y su proceso de pensamiento puede ser más o menos así:

> *Esto de la compasión está muy bien, pero ¿qué pasa si alguien es un verdadero infeliz? ¿Qué pasa si no quiero tener compasión por una persona horrible?*

Entiendo. Los escucho. Todos tenemos a alguien que desearíamos poder materializar lejos del planeta por alguna razón, eso es normal. Si toda esta idea de compasión no está dando en el clavo con una persona en particular, ahí es donde entra la fase 3. Esta fase se trata del perdón, que es algo así como la compasión a la décima potencia. Pero por ahora, no te preocupes por eso, para la fase 1 solo te pediré que te concentres en alguien que amas. Te guiaré a través del proceso al final de este capítulo.

Aunque la fase 1 no se enfoca en encontrar compasión por aquellos que nos han hecho daño, en realidad también me ha ayudado en ese sentido. Una vez que entré en el vaivén de la compasión, dejé de explotar en automático cuando alguien me hacía enojar. Sabía lo que tenía que hacer para calmarme rápidamente. Mi práctica de la compasión me permitió tomar las riendas de mi salud mental y trabajar mejor con seres humanos falibles. Hizo maravillas para mis relaciones personales y profesionales y me permitió sentirme como en casa en el mundo, conectado con todos y cada uno de quienes habitan en él.

Lo mejor es que no tienes que esforzarte mucho. Una vez que comiences a practicar la meditación en 6 fases con regularidad, todo esto sucederá en un nivel subconsciente. Es como un ingreso pasivo. Lo bueno sigue llegando.

Entrena tus «músculos» de compasión

Sé lo que estás pensando. No puedes volverte más compasivo y conectarte con el cosmos en unos míseros minutos. Definitivamente no es algo que solo decides aprender. La compasión no es ingeniería informática, después de todo. No hay Duolingo para ayudarte a hablar mejorpersona. La compasión es un rasgo de personalidad. O eres compasivo o no lo eres. No es tan sencillo como solo tomar la decisión de adoptar una cualidad humana iluminada, ¿verdad? ¡Incorrecto!

El profesor Richard J. Davidson y su gran equipo de científicos, psicólogos y sujetos de prueba en la Universidad de Wisconsin-Madison estarían de acuerdo conmigo. Estos increíbles humanos demostraron que la compasión *es*, de hecho, una habilidad entrenable.[11] Ellos también querían descubrir la verdad detrás del debate naturaleza versus crianza en torno a la compasión. ¿Podía aprenderse e implementarse? ¿O tu ADN dicta si estás destinado a ser la reencarnación de Gandhi o un cretino?

Para responder a esa pregunta, el equipo se dedicó a llevar a cabo un amplio estudio sobre las cualidades de la compasión y la bondad. Pidieron a los participantes que siguieran meditaciones guiadas de compasión todos los días durante dos semanas. Así lo hicieron. Sin descargas eléctricas, sin pastillas, sin palos puntiagudos ni jaulas. La única responsabilidad que tenían era sentarse, relajarse y cultivar sentimientos de compasión hacia diferentes objetivos. Estos objetivos incluían a un ser querido, a ellos mismos, a un extraño y a alguien a quien detestaran. Los científicos rastrearon su progreso a través de tomografías cerebrales regulares y descubrieron que los resultados sugieren que la compasión se puede cultivar con entrenamiento. Un mayor comportamiento altruista puede surgir de una mayor participación en los sistemas neuronales implicados en la comprensión del sufrimiento de los demás, del control ejecutivo y emocional y del procesamiento de recompensas.

---

[11] Davidson, Richard *et al.*, «Regulation of the Neural Circuitry of Emotion by Compassion Meditation: Effects of Meditative Expertise», *PLoS ONE*, Queensland, Universidad James Cook, 2008, doi.org/10.1371/journal.pone.0001897; Land, Dian, «Study shows compassion meditation changes the brain», *Universidad de Winsconsin-Madison*, 2008, news.wisc.edu/study-shows-compassion-meditation-changes-the-brain/.

Para decirlo en un lenguaje sencillo, lo que encontraron fue que las cualidades humanas benevolentes no están predeterminadas, sino que se pueden entrenar. Puedes ejercitar a tu cerebro en la bondad. Puedes programar una mayor compasión en tus hijos. Literalmente, puedes dejar de ser un idiota. Abrazar una versión más compasiva de ti mismo es una elección. Y la práctica hace al maestro.

La ciencia está ahí: la compasión te mantiene más joven y atractivo. ¿Quién lo hubiera pensado?

Ahora que eres consciente de la ciencia detrás de la compasión y sabes que es posible, vamos a profundizar en algunos beneficios extra que pueden sorprenderte.

Los beneficios de entrenar tus músculos de la compasión van mucho más allá de la serenidad superficial. Claro, es posible que obtengas esa mirada de «Buda sereno» y te sientas mucho más conectado con quienes te rodean, pero los inesperados resultados también incluyen:

- Niveles más altos de optimismo y positividad
- Desarrollo de la generosidad natural
- Mayor inmunidad al estrés
- Menos reactividad a estímulos molestos
- Aumento de la actividad en las regiones del cerebro asociadas con los vínculos afectivos
- Reducción de los síntomas de estrés postraumático
- Reducción del dolor físico[12]
- Reversión del envejecimiento[13]

---

[12] Weng, Helen Y. *et al.*, «Compasion Training Alters Altruism and Neural Response to Suffering», *Psychological Science*, vol. 24, no. 7, julio de 2013, pp. 1171-80, doi. org/10.1177/0956797612469537.

[13] Hamilton, David R., «Loving Kindness Slows Ageing at a Genetic Level», 14 de agosto del 2019, drdavidhamilton.com/loving-kindness-slows-ageing-at-the-genetic-level/.

Así es. La compasión revierte el envejecimiento. Los científicos de la Universidad de Carolina del Norte lo demostraron. Realizaron una prueba controlada y aleatoria para medir la longitud de los telómeros (marcadores de ADN del envejecimiento) de los participantes, antes y después de las prácticas de compasión. Se espera que nuestros telómeros se acorten a lo largo de nuestras vidas. Su longitud y la velocidad con la que se reduce dan a los científicos una indicación muy precisa de la edad de alguien, así como de la rapidez con la que está envejeciendo.

En este estudio, los científicos compararon la longitud de los telómeros de personas que practicaban meditaciones de compasión y bondad amorosa con los de quienes no lo hacían. Lo asombroso fue que mientras la longitud de los telómeros se redujo en los no meditadores, no se acortó para nada en el grupo que practicaba meditaciones de bondad amorosa. En otras palabras, la bondad y la compasión retrasan el envejecimiento a nivel *genético*. Una locura, ¿no?

He aquí otro beneficio muy útil de las prácticas de compasión —si eres un hombre soltero, escucha, porque la compasión podría ayudarte a conseguir tu próxima cita exitosa—: los estudios demuestran que el atributo más atractivo en un hombre, desde la perspectiva femenina, es la *bondad*.[14] ¡Y la compasión es la raíz de la bondad!

Las mujeres no se quedan fuera. Un estudio similar mostró que los hombres también calificaron consistentemente a las mujeres como más deseables si encarnaban la compasión hasta cierto punto. A pesar de su diseño binario, los estudios demuestran que el atractivo de la compasión es neutral en cuanto al género.

Todos estamos biológicamente programados para sentirnos atraídos por personas compasivas. ¿Has visto las hordas de personas que se reúnen frente al Dalái Lama con la esperanza de capturar por un momento su mirada amorosa? Todos queremos ser amados y comprendidos y la compasión es el ingrediente secreto que hace que la magia suceda. ¿Por qué no querríamos pasar el rato con personas compasivas?

---

[14] Gregoire, Carolyn, «Kindness Really Does Make you More attractive», *HuffPost*, 29 de octubre del 2014, huffpost.com/entry/ kindness-attractive_n_6063074.

Resonancia cardíaca: el indicador de salud al que no prestamos suficiente atención

Quería hacer la fase 1 más personal. Quería ser capaz de *ver* y *sentir* mi conexión con el mundo, no solo pasar por los ejercicios mentales. En mi búsqueda por la técnica perfecta, me quedé perplejo con los protocolos de compasión del Instituto HeartMath.

Con sede en California, el Instituto HeartMath es el hogar de científicos apasionados que sienten fascinación por un concepto llamado *resonancia cardíaca*. La resonancia cardíaca es el tiempo entre cada latido y se correlaciona con tus niveles de conexión amorosa.[15] Puedes medirla, desarrollarla y usarla como punto de partida para los sentimientos de felicidad abrumadora.

A estos científicos se les ocurrió una práctica simple para entrenar tus niveles de compasión —o tu resonancia cardíaca, para usar su término—. Puedes realizarla ahora mismo: piensa en alguien que amas. Imagina a esa persona parada frente a ti, sonriendo. Cuando veas su rostro, dile que la amas. Siente cómo la adoras profundamente en tu corazón y permanece en este sentimiento durante treinta segundos.

Déjame decirte lo que acabas de hacer. El mero acto de usar tus músculos de compasión provocó en tu cuerpo cambios bioquímicos instantáneos. Acabas de llevar al gimnasio a tu resonancia cardíaca, produjiste oxitocina y otras sustancias químicas que promueven el bienestar. Si tuvieras un científico contigo en este momento, podría mostrarte en un monitor cardíaco y en una tomografía cerebral los efectos increíbles que acaban de suceder.

Cuando me enteré de lo fácil que es este proceso, tuve una idea. Decidí que para la fase 1, comenzaríamos con el truco de resonancia cardíaca de HeartMath, luego expandiríamos ese amor hacia afuera para abarcar todo el planeta. Resultó mucho más fácil que tratar de crear compasión por toda la raza humana de la nada.

---

[15] McCraty, Rollin *et al.*, «The Resonant Heart», *HeartMath Institute*, 2005, heartmath. org/research/research-library/relevant/the-resonant-heart/.

Entonces, ya sea tu pareja, hijo, gurú o gato cuyo ronroneo calma tu alma, el primer paso es identificar a alguien o algo que amas. No importa quién o qué elijas, mientras lo ames, funcionará a la perfección para este ejercicio. Luego usaremos a tu ser querido como un trampolín. Lo admito, suena más extraño de lo que pretendía. Lo que quiero decir es que usaremos las buenas vibraciones que su rostro te despierta para impulsarnos como en un trampolín. Reciclaremos el amor que le tienes a esa persona hacia el resto del mundo. Primero a tu hogar, luego a tu ciudad, luego a tu país, luego a tu continente y, por último, a la totalidad del planeta Tierra.

A continuación, describiré lo que se te pedirá hacer durante la meditación en 6 fases. No te preocupes por memorizar este proceso porque puedes guiarte escuchándome en la aplicación Mindvalley durante la meditación. Esto es solo para profundizar tu entendimiento y, en última instancia, tu experiencia en el cojín de meditación.

Protocolo del círculo de amor y compasión

Paso 1. Recuerda a un ser querido

Respira hondo y, en tu exhalación, ve a un ser querido frente a ti con el detalle más vívido posible. Míralo sonriendo, con la alegría reflejada en los ojos. Si no eres muy visual, solo siente su presencia. Primero, interioriza el sentimiento de compasión al percibir el amor que inspira en ti. Lleva tu conciencia al espacio de tu corazón y asigna un color a esos sentimientos de amor. Puede ser rosa, azul claro, verde, lo que se te ocurra. Permítete llenarte de oxitocina mientras respiras hondo. Hazle saber cuánto lo adoras y aprovecha tu boleto de ida a la felicidad desde el principio.

Paso 2. Deja que la compasión inunde tu cuerpo

Permítete pasar de sentir compasión en tu corazón por tu ser querido a experimentarla en todo tu cuerpo. Respira hondo y, mientras exhalas, deja que ese sentimiento de amor viaje desde tu corazón hacia cada célula de tu cuerpo. Permite que esa luz relajante y colorida se expanda desde tu corazón para abarcar todo tu sistema. Siente cómo forma una burbuja reconfortante a tu alrededor. Tú también mereces algo de tu propio amor. Haz tu mejor esfuerzo por encontrar compasión por ti mismo. Como dice mi buena amiga y una de nuestras maestras más queridas de Mindvalley, Lisa Nichols: «Llena tu propia alma primero... Solo cuando desborde, podrás ofrecerle algo a los demás».

Paso 3. Expande tu compasión en la habitación en la que estás

Es el momento de propagar esa compasión y conexión por el sitio donde estás meditando. Respira hondo otra vez y, mientras exhalas, ve cómo se expande esa burbuja de compasión. Imagínala creciendo y cubriendo a todas las criaturas vivas en la habitación, incluidas personas, plantas y mascotas; no hay necesidad de limitarte. A mí me hace sentir muy bien hacer esto mientras estoy sentado en la cama junto a mi pareja o un miembro de la familia cuando están dormidos. Hay algo muy reconfortante en ello.

Paso 4. Envía tu compasión a las calles

Ahora que sabes expandir la compasión a través del espacio, estás listo para adentrarte en tu vecindario. Imagina tu burbuja de compasión extendiéndose por toda tu casa primero, tocando a cualquiera que viva allí. A continuación, imagínatela agrandándose para envolver a todo tu vecindario. Me gusta pensar en un vecino al azar que de repente sonríe de la nada porque puede sentir las vibraciones positivas que estoy enviando. Sigue respirando hondo y mantén ese sentimiento de amor tan fuerte como puedas.

Paso 5. Permite que la compasión abarque tu ciudad y tu país

Comienza con tu ciudad, luego expándela a todo tu país. Para esta parte, me gusta imaginar un mapa de mi ciudad que se aleja hasta convertirse en un mapa de mi país. Puedes ver tu ciudad como si estuvieras volando sobre ella en un helicóptero o viendo una foto de un dron. Visualízala cubierta por la luz de tu compasión. Luego, expándela hasta que abarque a todo el país. Velo cubierto por la luz de tu compasión. Imagina: siente ese amor en tu sistema, respira hondo y al exhalar, en tu mente, comparte el amor con tu país.

Paso 6. Permite que tu compasión envuelva la Tierra

Aquí es donde se pone interesante. Respira hondo. Desde tu país, vas a seguir enviando esta compasión hacia tu continente cuando exhales. Después, ábrete paso a través de otros continentes en cada nueva exhalación: América, África, Europa, Asia, Oceanía... incluso los pingüinos de la Antártida. Visualiza tu compasión como un tsunami amistoso que se extiende por todo el planeta. Esta es la etapa final de la práctica de la compasión que nos conecta no solo con los más cercanos a nosotros, sino con toda la vida en la Tierra. Echa a volar tu imaginación. Piensa en personas de todas las naciones y culturas. Visualiza aves en vuelo, imagina a los grandes felinos, evoca las selvas tropicales y las tormentas de nieve, ve las puestas de sol y sumérgete en las profundidades del océano. Velo todo y siente tu lugar en este hermoso mundo. La última imagen que percibas debe ser el planeta Tierra, cubierto en la bella luz de tu compasión.

Si te pierdes en algún momento y no sientes las vibraciones cargadas de oxitocina que creaste en el paso 1, regresa con a tu ser querido. Ve a la persona más cercana y más querida frente a ti una vez más, cárgate de amor y extiéndelo hacia afuera nuevamente. Puede tomar un poco de práctica, así que no te castigues si estás batallando por compartir el amor al principio. No seas severo contigo mismo: eres parte de menos del uno por ciento de las personas que se están entrenando para salir del modo de supervivencia. Estás en el campamento de entrenamiento para ser compasivo. Una vez que lo domines, se convertirá en una segunda naturaleza y serás una de esas personas notables que no solo se sienten conectadas con su círculo social, sino con toda la humanidad. Imagina lo que eso hará por tu salud mental. Imagina lo que hará por cada persona con la que entres en contacto, porque, confía en mí, sentirá tu energía.

¿Te imaginas si todos dedicáramos parte de nuestro tiempo al entrenamiento de la compasión? Lo juro, eso podría salvar al mundo. Piénsalo. Piensa en los eventos más traumáticos (provocados por el hombre) de la historia, los que casi nos borraron a *todos* de la faz de la Tierra. Cada uno de ellos fue, hasta cierto punto, el resultado de la falta de compasión. Piensa en cuántas guerras evitaríamos. Piensa en cómo trataríamos al planeta. Piensa en cómo trataríamos a nuestros seres queridos, al extraño en la calle y a nosotros mismos.

Ahora sabes que la compasión es mucho más que sentir pena, se trata de crear un mundo más amable y encontrar tu lugar único dentro de él. Es un atributo tan poderoso de nuestra humanidad que bien podría tratarse de nuestro mayor logro evolutivo. Es nuestro poder secreto.

Me identifiqué mucho con el muy querido superhéroe vikingo de Marvel cuando dijo: «Prefiero ser un buen hombre que un gran rey». Lo mismo pienso, Thor.

Cuando esté en mi lecho de muerte, dudo que me preocupe por cuánto poder he tenido sobre los demás o cuánto «éxito» he acumulado. Lo más probable es que reflexione sobre lo bien que dominé la compasión. Sí, estaré pensando en lo bien que aprendí a amar. ¿Y tú?

Antes de pasar al siguiente capítulo, es posible que desees abrir tu aplicación Mindvalley e iniciar el programa de meditación en 6 fases; de ahí, puedes saltar a la lección interactiva completa de la fase 1, «El círculo de amor y compasión». La lección dura solo unos minutos y retomará algunos de los puntos más importantes de este capítulo. Al finalizar, puedes reproducir directamente el audio de meditación donde te guiaré a través del protocolo de la compasión. Tomará menos de cinco minutos y te ayudará a fijar esta primera fase de tu práctica.

La lección es opcional, pero la meditación es imprescindible. La transformación ocurre mejor cuando aplicamos de inmediato lo que aprendemos. Deja este libro ahora y prueba la meditación. Cuando hayas terminado, puedes pasar al siguiente capítulo.

Fase 2
Felicidad y gratitud

*Me quejaba de que no tenía zapatos
hasta que conocí a un hombre
que no tenía pies.*

Confucio

¿Qué es lo que está buscando la humanidad *realmente*? ¿Progreso científico? ¿El significado de la vida? ¿Riqueza infinita? ¿El elixir de la inmortalidad? Sí. Sí a todo lo anterior, pero hay algo aún más valioso que no podemos evitar buscar por encima de todo lo demás. Según Albert Einstein, en 1931, en una de sus muchas entrevistas: «Lo que buscamos es felicidad».

Mejor conocido por desarrollar la teoría de la relatividad, sentía la misma curiosidad que nosotros acerca de la naturaleza elusiva de la alegría. Así como le dio al mundo fórmulas revolucionarias en el campo de la física, también encontró la ecuación para la felicidad, y se vendió por 1.56 millones de dólares.

La fórmula de la felicidad de 1.5 millones de dólares de Einstein

Después de viajar a Japón en 1922 para impartir una serie de conferencias científicas, Einstein afirmó que había estado examinando a profundidad la cuestión de la felicidad durante todo su viaje.[16]

Con un fondo de cerezos y geishas, se encontró en el lugar perfecto para conectarse con el verdadero significado del bienestar. Después de hallar la fórmula secreta, tomó un pedazo de papel y, con amor, la escribió a mano en su idioma natal, el alemán. Convencido de su gran valor, entregó las 13 palabras de la fórmula al botones del hotel como propina por haber hecho una entrega a su habitación. Decía así:

> *Stilles bescheidenes Leben gibt mehr Glück als erfolgreiches Streben, verbunden mit beständiger Unruhe.*

---

[16] Stillman, Jessica, «This Is the Secret of Happiness, According to Einstein (It's Just 17 Words Long)», *Inc.com*, 29 de noviembre de 2021, inc.com/jessica-stillman/albert-einstein-happiness-theory.html.

En caso de que tu alemán esté un poco oxidado, aquí está la traducción al español:

Una vida tranquila y humilde trae más felicidad que la búsqueda del éxito combinada con una inquietud constante.

El hermoso gesto de Einstein valía su peso en oro, literalmente. Uno de los miembros de la familia del botones vendió, 95 años después, ese pedazo de papel por 1.56 millones de dólares en una subasta. Pero ¿qué significa en realidad? Puede que tengas tus propias ideas, pero desde mi perspectiva, Einstein no nos estaba diciendo que abandonáramos nuestros objetivos y nos conformáramos con menos. Soy un gran defensor de establecer metas y tener una visión para nuestras vidas, punto que cubriremos más adelante. No, creo que nos estaba advirtiendo contra la «mentalidad de escasez», el principio de «nada es suficiente», el esfuerzo y la sangre, el sudor y las lágrimas que bloquean la verdadera realización. Creo que quería liberarnos del síndrome generalizado de «seré feliz cuando...», la persecución interminable que trae inquietud constante. ¿Y cuál es la única medicina a prueba de balas para ayudarnos a curarnos de ella? El poder de la gratitud.

Más sobre el síndrome «seré feliz cuando...»

Antes de profundizar en la ciencia de la gratitud y cómo influye de manera directa en nuestra felicidad, quiero contarte más sobre el síndrome casi tácito que acabo de mencionar. Lamento ser el portador de malas noticias, pero si eres un ser humano que vive en el siglo XXI, es probable que lo tengas. Y está poniendo a la humanidad de rodillas.

El ladrón supremo de la paz, el síndrome «seré feliz cuando...» es la noción de que alcanzar ciertos placeres o logros mundanos conduce a la felicidad. Excepto que *siempre* están fuera de tu alcance. En el mundo actual de «¡Gracias, el siguiente!», se nos dice que la felicidad nos espera al otro lado de [insertar placer/logro], pero cuando llegamos allí, por supuesto, la felicidad se nos escapa. Todos lo hemos vivido.

Seré feliz cuando me gradúe de la universidad.
Seré feliz cuando encuentre a mi nuevo novio.
Seré feliz cuando me case con la chica de mis sueños.
Seré feliz cuando compre una casa de playa en Hawái.
Seré feliz cuando me asciendan.
Seré feliz cuando me mude a la casa con la reja blanca.
Seré feliz cuando tenga tres hijos.
Seré feliz cuando me coma esta bolsa tamaño familiar de Cheetos Flamin' Hot.

Podemos sentir breves descargas de felicidad cuando, después de esforzarnos, por fin obtenemos estas cosas. Dicho esto, la novedad pronto desaparece y he ahí que volvemos al punto de partida.

Te presento la brecha de la felicidad

El *coach* y emprendedor de renombre mundial, Dan Sullivan, habla sobre una fascinante idea que llamó la «brecha del avance».[17] Se trata de la clásica condición humana de insatisfacción. Todos experimentamos esta brecha tan pronto nuestra conciencia se centra en la diferencia entre dónde estamos ahora y a dónde queremos llegar. La brecha del avance es la distancia entre nuestra satisfacción presente y la felicidad que creemos que obtendremos en el futuro. Nos fijamos en esta brecha, aprovechando cualquier oportunidad para acortarla un poco, obsesionados con la idea de que seremos felices cuando lo hagamos; pero esta es la cosa: fuiste engañado porque nunca, nunca podrás cerrar esa brecha.

---

[17] Sullivan, Dan y Benjamin Hardy, *The Gap and the Gain: The High Achievers' Guide to Happiness, Confidence, and Success*, Hay House, 2021.

Presente

Futuro

Brecha del avance

Es como correr hacia el horizonte bajo la impresión engañosa de que podrás tocar el sol. No importa lo rápido que corras ni lo difícil que sea avanzar los kilómetros que corras, la triste verdad es que el calor del horizonte nunca tocará tu piel. Esta es la «inquietud» a la que Einstein se refería en ese famoso trozo de papel. Sé honesto contigo mismo. ¿Alguna vez has sentido que estás posponiendo tu felicidad indefinidamente? Ese es el síndrome en su máxima expresión. Porque incluso si logras alcanzar tus objetivos, antes de que te des cuenta, la brecha volverá. Es un pozo sin fondo que nunca llenaremos, pero somos adictos a intentarlo.

Si te sientes un poco atacado en este momento, probablemente sea una buena señal. Estoy preparado para ser el destinatario de tus malas vibras en nombre de tu crecimiento personal. Debes saber que no estás solo. Perseguí ese horizonte como un loco durante la mayor parte de mi vida en un intento desesperado por cerrar esa brecha. Tenía el síndrome de «seré feliz cuando...», y demonios, todavía caigo en eso de vez en vez. Y no es como para sorprenderse.

Fuimos criados por padres que ya habían sido infectados, porque sus padres estaban infectados y porque los padres de sus padres también lo estaban. La idea de que la felicidad se puede alcanzar a través de medios externos está lejos de ser nueva. Sin embargo, tampoco tiene nada de malo. El progreso sucede debido a nuestro anhelo, generación tras generación, de mejorar la vida. Este anhelo tiene un aspecto positivo: nos hace *construir, inventar, crear, mejorar,* una y otra vez como especie humana, pero el gran secreto está en entender que la felicidad es en realidad el combustible para la productividad y que debemos ser felices *antes de* alcanzar nuestras metas. Dan Sullivan define esto como la «brecha inversa».

La brecha inversa es lo que pasa cuando miras hacia atrás. Es la alegría que obtienes al reconocer lo lejos que has llegado. Debes atender la brecha inversa tanto como la brecha del avance. Esto es de suma importancia si eres el tipo de persona que se centra en sus objetivos o en el crecimiento de su carrera o negocio.

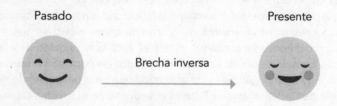

Pasado

Presente

Brecha inversa

Dan Sullivan notó un «patrón del avance» en cientos de emprendedores. Eran personas maravillosas con vidas espléndidas, que albergaban sentimientos de insatisfacción. Tenían el síndrome «seré feliz cuando...». Todos creían que sus metas estaban a la vuelta de la esquina y todos habían caído en la trampa de perseguir ese horizonte cada vez más lejano. Estaban intentando, y fracasando, en cerrar la infame brecha de la felicidad. Así que Dan sugirió un simple cambio en ese modelo mental. Sus clientes se pusieron a trabajar para entrenarse a diario en prestar atención no solo a dónde querían llegar, sino también en dónde *habían estado*. Reflexionaron sobre los logros que ya tenían en la bolsa, reflexionaron sobre sus triunfos, sus recuerdos felices y las profundas relaciones que habían forjado con sus seres queridos. Se centraron en lo que tenían, no en lo que les faltaba; pero más que nada, reflexionaron sobre lo lejos que habían llegado como personas y cómo habían cambiado para mejorar. Desarrollaron una vida más tranquila, con menos inquietudes. En otras palabras, comenzaron una práctica de gratitud de la que Einstein estaría orgulloso.

¿Cómo nos obsesionamos tanto con posponer la felicidad?

La sociedad en la que vivimos nos recuerda todo el tiempo cuánto más felices seríamos si compráramos lo que sea que se esté vendiendo. Nuestra felicidad tiene un precio, y nadie desembolsa más que alguien con el síndrome «seré feliz cuando...».

Cuando estamos atrapados en la brecha del avance, nuestra sociedad consumista abre el champán para celebrar. Sí, se nos anima a ser un poco infelices. ¿Por qué? Porque no se puede obtener mucho dinero de las personas felices, ¿verdad? Imagina cuántas compañías de belleza quebrarían si las mujeres despertaran mañana sintiéndose en paz con sus cuerpos. ¿Has pensado en cómo el mega monstruo de los electrónicos (que rima con *grapple*) se derrumbaría si la gente dejara de preocuparse por los últimos modelos y comenzara a pasar FaceTime (tiempo cara a cara) real con los que ama? ¿O en lo rápido que la industria farmacéutica se hundiría si empezáramos a tomar las riendas de nuestra salud mental de manera integral? (tema sobre el cual ahondaré más tarde). Captas la idea... Vivimos en un mundo que siempre está ofreciendo soluciones cada vez más nuevas y maravillosas para alcanzar la felicidad a través de medios externos. Creciste en esta realidad, pero no tienes que seguir viviendo en ella si lo eliges así.

La naturaleza rebelde de la gratitud

La gratitud es, con mucho, la forma más rápida y eficiente de producir químicos felices en tu cuerpo solo con el pensamiento. Se trata de querer lo que ya tienes y celebrarlo con emoción; de estar agradecido por las cosas buenas en tu vida, ya sean enormes o minúsculas; de estar presente donde estás ahora mismo y brindar por todo lo positivo que tienes. Esa es la verdadera felicidad, si me lo preguntas. Aunque es tentador seguir a la multitud y perseguir descargas de dopamina a corto plazo en lugar de cultivar la verdadera felicidad, te juro que vale la pena luchar, porque el bienestar que trae la gratitud es el tipo de felicidad que no tiene un «si» o un «cuándo». Es el tipo de felicidad que nunca pasa de moda. Es del tipo de felicidad que, al igual que la compasión, no cuesta un centavo. Además, la gratitud es un acto de rebelión en muchos niveles:

- Se rebela contra la brecha.
- Se rebela contra el síndrome «seré feliz cuando...».
- Se rebela contra la representación de la sociedad de cómo debería ser la felicidad.
- Se rebela contra el consumismo.
- Se rebela contra la miseria, la depresión y la carencia.

La gratitud crea resultados mágicos en nuestros mundos interior y exterior, pero no es magia. Es ciencia.

La ciencia de la gratitud

Hay cientos y cientos de estudios científicos sobre la gratitud, y por una buena razón. La gratitud es la característica humana más asociada con los estados de bienestar. Cuanto más la estudiamos, más se impresionan los científicos expertos en el cerebro, los psicólogos y los entusiastas del crecimiento personal. Es algo muy poderoso.

Mi estudio favorito probablemente sea el del doctor Robert A. Emmons, de la Universidad de California.[18] En este estudio, pidió a todos sus participantes que escribieran algunas oraciones por semana en sus diarios. El tema dependía de en cuál de los tres grupos se encontraban. Los integrantes del primer grupo escribieron sobre cosas por las que estaban agradecidos. Los del segundo, sobre las cosas que salieron mal o que les disgustaron de alguna manera. Y los del tercero, sobre todos los eventos que los habían afectado en la última semana, sin ningún énfasis particular en si

---

[18] Emmons, Robert A., *Thanks! How the New Science of Gratitude Can Make You Happier,* Houghton Mifflin, 2007.

eran positivos o negativos. Después de diez semanas, llegaron los resultados. Como era de esperar, quienes se centraron en las cosas por las que estaban agradecidos se sintieron más optimistas, satisfechos y, en general, más positivos acerca de sus vidas. Lo sorprendente, sin embargo, fue que también hicieron más ejercicio de lo habitual y tuvieron menos visitas al médico en comparación con los otros dos grupos. Además, los efectos permanecieron hasta mucho después de que el experimento terminó.

Como dije, este es uno de los cientos de estudios increíbles que existen sobre el tema de la gratitud. Me imagino que no estás interesado en conocer cada uno, pero debes saber que todos demuestran que cuando creas sentimientos de gratitud a través del pensamiento, un diario o la meditación, comienzan a suceder cambios muy interesantes en tu mente y cuerpo. Estas son otras revelaciones que los estudios científicos han demostrado sobre la gratitud. Los beneficios incluyen:

1. Aumenta los niveles de energía y vitalidad
2. Incrementa la inteligencia emocional
3. Mejora el estado de ánimo (liberas sustancias químicas felices en el cerebro)
4. Se presenta mayor tendencia a perdonar
5. Previene y disminuye la depresión y la ansiedad
6. Mejora las relaciones y la sociabilidad
7. Mejora el sueño profundo
8. Reduce la inflamación y los dolores de cabeza
9. Disminuye la fatiga física
10. Realza el sentimiento de satisfacción con la vida[19]

Un día en la vida del futuro tú (con una práctica regular de gratitud) puede verse más o menos así: te despiertas con la alegría de la primavera después de un sueño profundo y reparador; estás listo para interactuar con tu familia y colegas desde el principio gracias

---

[19] Harvard Health Publishing, «Giving Thanks Can Make You Happier», *Harvard Health Publishing*, 22 de noviembre de 2011, health.harvard.edu/healthbeat/giving-thanks-can-make-you-happier.

a tu inteligencia emocional elevada; tienes un trabajo que otros pueden describir como estresante, pero no lo sientes tanto como tus colegas; ya no juzgas a otros con premura; a medida que avanzas en tus reuniones diarias, tus compañeros de trabajo a menudo preguntan por qué te ves tan alegre todo el tiempo; sonríes, sintiéndote centrado, lleno de vitalidad y listo para los desafíos del día; cuando llegas a casa por la noche, todavía estás de buen humor, y cuando te vas a la cama, lo haces con un profundo sentimiento de satisfacción por otro día bien vivido. Si alguien nos ofreciera una pequeña píldora que proporcionara todos estos beneficios, sin efectos secundarios, de forma gratuita, se la arrebataríamos de la mano, ¿no?

Entonces, ¿por qué no escuchamos sobre la gratitud, pero sí escuchamos sobre Prozac? Bueno, el grupo de interés alrededor de las farmacéuticas es inmenso. ¿Y el grupo de interés alrededor de la gratitud? No tanto.

Ideal para la mente, genial para el bolsillo, la gratitud no requiere que gastes un solo centavo para ser feliz. Toda la curación profunda y la felicidad sucederán en tu cabeza de manera orgánica, libre de gluten. Funciona igual de bien sin necesidad de comprar una nueva lámpara de sal, tapete de yoga, mantequilla sin sal de vacas alimentadas con pasto, cuentas de oración o el libro de texto *Descubre tu eterno femenino a través de la aromaterapia*. Tal vez lo único que querrás comprarte sea un buen cuaderno para escribir unas líneas en tu diario de gratitud antes de irte a la cama, pero eso es todo. El beneficio que obtendrás es mucho mayor comparado con el esfuerzo que tendrás que hacer.

Los mitos detrás de la gratitud

Así como la compasión está cargada de muchas ideas erróneas, la gratitud también tiene su parte de mitos inútiles. Así que vamos a desglosarlos.

En primer lugar, mucha gente piensa que podemos cosechar los beneficios de la gratitud solo cuando las cosas van de maravilla en nuestras vidas. Por supuesto, la gratitud fluye con mayor facilidad cuando recibimos regalos, comemos comida *gourmet*, nos pagan o vamos de fiesta con nuestros amigos, pero si me lo preguntas, la gratitud brilla más en los tiempos oscuros. La gratitud en sí misma construye niveles increíbles de resiliencia y nos protege de caer en agujeros de depresión. La capacidad de detenerse en medio del dolor y el caos e identificar lo que es valioso es una habilidad que te servirá hasta el día de tu muerte.

Habrá momentos en los que te despiertes de mal humor debido a una mala noche de sueño, pero tienes dos opciones: puedes maldecirte a ti mismo y a tu falta de horas de sueño o puedes dar gracias de que, a diferencia de al menos mil millones de personas en el mundo, tienes una cama y un techo sobre tu cabeza.[20] No te estoy invalidando a ti ni a tus sentimientos. Las noches sin dormir son horribles, pero siempre tenemos la opción de elegir hacia dónde dirigimos nuestro enfoque. A través de esta práctica, aprenderás que no importa cuán sombrías puedan parecer las cosas, siempre hay algo por lo que estar agradecido. Eso hará que navegar por las dificultades de la vida sea mucho más fácil. Claro, un compañero de trabajo fue cortante contigo esta mañana, pero ¿puedes estar agradecido por el hecho de que tienes un trabajo bien remunerado con otros colegas más amables? Claro, tu última cita fue un desastre, pero ¿puedes estar agradecido de no tener que volver a ver a esa persona nunca más y poder disfrutar de la compañía de tus amigos? No estamos negando nuestras deficiencias, solo las estamos reformulando. Estamos extrayendo el oro de la tierra. Y siempre hay más oro en tu vida de lo que piensas.

Sentirse agradecido todos los días no depende de grandes logros como ganar la lotería, estar en la lista de *bestsellers* del *New York Times* o terminar tu primera maratón. Puedes estar igual de agradecido por las cosas pequeñas. En realidad, no importa por lo que estés agradecido, sino cuánto lo sientes. Imagina poder bañarte en oxitocina y aprecio cuando recibes un abrazo de tu hijo. Imagina experimentar una gran euforia cuando tu compañero de trabajo te da una taza como regalo. Imagina tomar tu primer res-

---

[20] OHCHR, *Annual Thematic Reports: Special Rapporteur on the Right to Adequate Housing*, Naciones Unidas, ohchr.org/en/special-procedures/sr-housing/annual-thematic-reports.

piro por la mañana con un corazón lleno de gratitud por el mero hecho de estar vivo. No es el tamaño de la celebración lo que importa, es la *fuerza de la emoción*.

Así que cuando practiques la gratitud, intenta no ir a toda velocidad a través de los ejercicios mentales como si se tratara de una lista de cotejo. Siente cada uno de los recuerdos con todos tus sentidos. Es gratis, es orgánico y te lo mereces. Si nunca has participado de manera activa en una práctica regular de gratitud, no te castigues. No significa que seas una persona ingrata por naturaleza. Esta es una *práctica* de gratitud, después de todo, y antes de que te des cuenta, se sentirá mucho más natural.

Además, puede haber personas que en este momento estén leyendo este libro y que hayan tenido experiencias muy difíciles. Es posible que estén pensando que, durante sus vidas, no han tenido muchas razones por las cuales estar agradecidos. Y eso es justo. A menudo, las cosas que nos pasan se reducen a una cuestión de suerte y la vida puede ser una serie de desafíos y bloqueos. Pero como dije antes, uno de los mayores mitos sobre la gratitud es que tu vida necesita ser perfecta para que puedas sentirla.

Si estás pasando por un momento difícil

Recuerda: incluso las personas más felices se benefician de la gratitud, pero son las personas infelices, las que están pasando por un infierno, las que *necesitan* la gratitud más que nadie. Y ese podrías ser tú ahora mismo. A veces parece que la vida no nos ha dado un juego de cartas digno de gratitud. Es posible que no hayas tenido la suerte de que todo fuera sencillo. Quizá algunos de ustedes estén sufriendo en silencio en una relación abusiva. Otros pueden estar atrapados en un trabajo donde las condiciones son horribles, laborando para una empresa que viola sus derechos humanos. Algunos tal vez están sufriendo de una enfermedad debilitante.

En momentos increíblemente difíciles como esos, reconozco que pedirte que te sientas agradecido por esa dificultad en particular es una hazaña casi imposible, absurda y prácticamente irrespetuosa. Así que no estoy diciendo que debas estar en negación acerca de tus circunstancias. Ser agradecido no significa aceptar una relación abusiva, soportar un ambiente de trabajo tóxico o renunciar a la lucha contra el cáncer. Puedes estar agradecido por tu vida en general y al mismo tiempo reunir la fuerza para hacer los cambios necesarios y salir de cualquier situación dolorosa en la que te encuentres. Si tienes la posibilidad, te insto a que lo hagas. Siempre hay esperanza, no importa cuán débil sea.

Tal vez hayas encontrado esta parte difícil de digerir, lo cual es completamente comprensible, pero lo que mantengo es el hecho de que siempre, siempre, puedes mostrar amor y aprecio por algo: tú mismo. Debes hacerlo, te lo mereces más de lo que puedo expresar. Se llama autoaprecio y es una parte fundamental de la meditación en 6 fases.

Cuando toques fondo, la gratitud por las cosas más simples será tu gracia salvadora. La gratitud es la clave silenciosa y humilde para sobrevivir a los mayores traumas, así como para disfrutar los placeres de la vida. Podría escribir un libro entero sobre la gratitud, pero por ahora, espero que este capítulo te convenza de su poder y te inspire a practicarla.

El método de gratitud 3 × 3

Ahora que sabes todo sobre la ciencia y los beneficios detrás de la gratitud, además de haber desmentido los mitos, te hablaré sobre cómo vamos a abordar la práctica.

En la meditación en 6 fases, te llevaré a través del método de gratitud 3x3 paso a paso. Una vez más, hallarás una guía completa en el audio, pero es bueno tener algo de claridad sobre el proceso, antes de comenzar.

Se llama el *método de gratitud 3x3* porque te enfocas en tres aspectos diferentes de tu vida y tres cosas por las que estás agradecido en cada una de estas categorías: tu vida personal, tu vida laboral y tu yo (también conocido como autoapreciación). Dentro de cada área, pensarás en tres ejemplos de cosas por las que estás agradecido. Por ejemplo:

Vida personal
1. Estoy agradecido de poder despertarme junto a mi increíble pareja todas las mañanas.
2. Estoy muy agradecido por la divertida fiesta de cumpleaños llena de vino que mis amigos me organizaron anoche.
3. Estoy muy agradecido por las deliciosas tazas de café que mi cafetería favorita prepara cada día.

Vida laboral
1. Estoy agradecido por mi trabajo y lo desafiante, estimulante y divertido que es.
2. Estoy muy agradecido con mi colega [inserta el nombre] por cómo siempre me sonríe cuando llego a la oficina.
3. Estoy muy agradecido por el dinero que recibo de mi empresa cada mes, que facilita la alta calidad de vida que tengo.

Tú mismo
1. Estoy agradecido de ser el tipo de persona a quien le resulta fácil dar y recibir afecto, y aprecio el hecho de ser digno de amor.
2. Estoy muy agradecido por mi cuerpo y me encanta su forma.
3. Estoy muy agradecido por mis talentos únicos, los idiomas que hablo y mi capacidad para usar mi mente a su máximo potencial.

Estos son solo algunos ejemplos, pero puedes echar a volar tu imaginación, siempre y cuando cubras las tres bases.

Diseñé el ejercicio de esta manera porque seguía notando que los meditadores de gratitud tendían a expresar gratitud solo por el área más fuerte de su vida. Si eran adictos al trabajo, explorarían sus victorias profesionales y se olvidarían de su vida personal. Si eran personas de familia, tendían a centrarse solo en sus hijos y cónyuges y olvidarse de sus carreras. Todo esto crea un desequilibrio.

Otro error que muchas personas cometen cuando expresan gratitud es que se olvidan de sentirse agradecidas por sí mismas. Debido a nuestro miedo a ser etiquetados como narcisistas, rara vez reflexionamos sobre lo que nos hace increíbles. Debido a esto, preferimos obtener nuestra validación de fuentes externas. Dejamos que otras personas nos hagan sentir plenos, aferrándonos a los comentarios, cumplidos y la afirmación de que somos personas buenas y exitosas, en lugar de darnos nosotros mismos esa gratificación. Si me lo preguntas, el problema no es tener demasiado amor propio, sino «demasiado poco». No conozco a nadie que esté interesado en alabarse a sí mismo, para ser honesto; pero sí conozco a muchas personas que están más que felices de compartir lo insuficientes que son, cómo su contribución al mundo simplemente no las satisface o cuánto detestan el tamaño de sus muslos.

Una nota sobre la imagen corporal

Este sentimiento de insuficiencia es más frecuente con la imagen corporal. Todos tenemos *algo* en contra de nuestros pobres cuerpos. Quizá tengas sobrepeso o bajo peso. Tal vez seas más bajo o más alto de lo «normal» para tu género. Es posible que no tengas la piel envidiable que los comerciales de televisión dicen que deberías tener. Probablemente tengas cicatrices o un problema de salud visible. Es posible que tus dientes no sean blancos, brillantes y derechos. La lista continúa y lo más seguro es que te consideres imperfecto en una de estas áreas.

Pero si estás leyendo esto, eres un ser humano vivo que respira y que está aquí por una casualidad perfecta. Eres el resultado de un espermatozoide increíblemente afortunado que llegó a un óvulo muy suertudo. No eres solo uno en un millón, eres uno en *quinientos millones*. Tu cuerpo, el que tienes la suerte de habitar, es un milagro en sí mismo, así que, hazte un favor y comienza a apreciarlo tal y como es. Necesitamos alejarnos de esa idea de obligar a nuestros cuerpos a caber dentro de un estereotipo particular de belleza. Debemos cuidarnos para estar sanos, claro, pero basta de vergüenza.

Lo que he descubierto es que cuando entrenamos a las personas para que expresen gratitud por sí mismas y se tomen un par de minutos para reflexionar sobre todo lo que *les gusta* de sus cuerpos y de su persona, comienzan a suceder grandes cosas.

En primer lugar, se sienten bien, y esa sensación de plenitud y paz permanece durante todo el día. En segundo lugar, se vuelven menos inseguras, desarrollan más confianza en sí mismas y más resistencia a los comentarios negativos. Pasan de tener vacíos a sentirse completas. En tercer lugar, su relación consigo mismas adquiere mucha más solidez. En cuarto lugar, sus relaciones se vuelven más saludables porque no dependen tanto de la validación constante de los demás. Nada mal por unos cuantos segundos de autoapreciación al día, ¿verdad?

Gratitud y manifestación

Por si todas estas razones para practicar no bastaran —ya sabes, la confianza en uno mismo, la felicidad, menos visitas a los médicos, la satisfacción, la gracia salvadora de cualquier pozo de desesperación—, aún hay más. La gratitud tiene un fuerte vínculo con el logro, el éxito y la abundancia.[21] ¿Por qué? Porque, como dijo una vez el muy querido orador motivacional Zig Ziglar: cuanto más agradecido estés por lo que tienes, más razones tendrás para estar agradecido.

Algunas de las personas más ricas del mundo han utilizado la gratitud como una práctica para atraer más dinero. Y funciona. En su libro *La ciencia de hacerse rico*, el autor Wallace Wattles escribió:

> La mente agradecida siempre está centrada en lo mejor. Por lo tanto, tiende a convertirse en lo mejor; toma la forma o el carácter de los mejores y recibirá lo mejor.

Esto no es solo palabrería, es lógica. Si realizas una práctica regular de gratitud, aunque tu saldo bancario no cambie por un tiempo, te sentirás como si lo hubiera hecho. La abundancia es una mentalidad, después de todo; y como hemos visto, la mente abundante, al

---

[21] Wattles, Wallace, *The Science of Getting Rich: Your Master Key to Success*, Thrifty Books, 2009.

igual que un imán, atraerá más abundancia hacia ella. Lo semejante atrae a lo semejante. Haz tu mejor esfuerzo por perfeccionar esta práctica de gratitud; puede que sea el ingrediente faltante que te ha estado impidiendo la verdadera alegría, paz y prosperidad.

El protocolo de felicidad y gratitud

Paso 1. Tu vida personal

Primero, pensarás en tres cosas, eventos o gente de tu vida personal por los que estás agradecido. No importa si reflexionas sobre algo de ayer o de hace veinte años. No importa si es un ser querido que está vivo o si falleció. No importa si es una cosa enorme o una pequeña. Siéntete libre de mezclar y combinar temas y líneas de tiempo; siempre y cuando puedas sentir el aprecio, no importa.

Puedes reflexionar sobre el sueño reparador que tuviste anoche y que en serio necesitabas. Tal vez puedas apreciar tu hogar y cómo te protege con humildad del frío y la lluvia. Puedes pensar en la comida deliciosa y nutritiva que tienes en tu refrigerador, un privilegio que miles de millones nunca experimentarán. Puedes recordar el día en que miraste por primera vez a tu pareja, revivir las mariposas y sentirte agradecido por haberla conocido. Tal vez puedas apreciar ese viaje de mochilero que hiciste con tus amigos cuando tenías veinte años o cualquier otra memoria valiosa que te ilumine al pensar en ella.

Como mencioné antes, trata de no hacer una lista, porque no se trata de la lista en sí, sino de los sentimientos asociados con cada evento, persona o cosa. Siente las buenas vibraciones, experimenta el amor y encarna el aprecio. Esta es la parte fácil. El paso 2 puede ser un poco más desafiante para la mayoría.

Paso 2. Tu vida laboral

A continuación, cambiarás tu enfoque hacia aquello por lo que estás agradecido en tu carrera y vida laboral. Incluí esto de manera deliberada porque muchos subestimamos esta área de nuestras vidas y las innumerables cosas buenas que nos trae, pero si pasamos cinco días de la semana trabajando, tiene sentido que hagamos de la gratitud basada en el trabajo un hábito.

Incluso si desprecias por completo dónde estás en este momento, habrá *algo* por lo que puedes sentirte agradecido. No estoy diciendo que debas quedarte allí si has estado considerando saltar por la ventana del edificio. Si eres tan infeliz, es probable que debas irte, pero mientras tanto, recuerda tres cosas sobre tu vida laboral que valoras. Cuando menos, puedes reflexionar sobre lo agradecido que estás por ese efectivo que aparece en tu cuenta cada mes y por cómo te apoya a ti y a tu familia.

Puedes recordar a un colega especial con el que trabajas y sentirte agradecido por la amabilidad que te ha mostrado. Quizá estés agradecido por las altas exigencias de tu trabajo y cómo han facilitado tu aprendizaje y crecimiento. Incluso puedes recordar esa loca fiesta de Navidad a la que fuiste hace unos años, cuando la recepcionista se emborrachó y entró en *demasiados* detalles sobre su inexistente vida sexual… Siéntete feliz de haber sido testigo de la hilarante incomodidad de la situación.

Observa ese espacio. Antes de que te des cuenta, habrás cambiado tu perspectiva sobre tu trabajo para mejor y te sentirás mucho más positivo.

Paso 3. Tú mismo

Bien, para los novatos en el crecimiento personal y la introspección, es probable que esto sea difícil al principio. Como dije antes, el paso 3 se trata de honrar y respetar algo que nunca nos han enseñado a honrar o respetar: nosotros mismos.

Cuando comienzas a amarte a ti mismo a través de una práctica de gratitud dirigida a tu persona, puedes salir al mundo como la mejor y más segura versión de ti. Al igual que en los pasos 1 y 2, elige tres puntos focales. Tal vez comiences apreciando tu apertura para probar esto en primer lugar, lo que de entrada te diferencia de mucha gente. Tal vez te sientas agradecido de ser una persona amable, con un buen corazón.

Puedes elegir un aspecto de tu físico que aprecies, como el color de tus ojos, la fortaleza de tus piernas que te han llevado por todo el mundo o tu auténtica sonrisa que hace sonreír a otras personas también. Puedes reflexionar sobre tus hazañas intelectuales, sobre cuánto aprecias tu mente por expandirse constantemente, por aprender nuevos idiomas o habilidades y proponer ideas frescas.

Tal vez puedas agradecerte a ti mismo por tu motivación, por tu disciplina para no perderte nunca una sesión de yoga, por la manera en que (casi) siempre cumples con tus plazos y te esfuerzas por comer saludable todos los días. Puedes agradecerte por ser un gran padre o reflexionar sobre lo lejos que has llegado como mujer de negocios.

Adelante. Este último paso es el más difícil, pero, por mucho, el más importante. Cuando todo lo demás falla y los eventos en tu vida personal y profesional te ponen contra la pared, siempre puedes recurrir a la autoapreciación.

Henos aquí revirtiendo los efectos del síndrome «seré feliz cuando...». Revirtiendo esa brecha del avance. Tomando las riendas de nuestra salud mental sin la necesidad de una receta costosa.

El tiempo que pasas en un estado de gratitud, nunca, jamás, se desperdicia y como hemos visto, nunca faltan cosas por las que estar agradecido. Sobra decir que vivimos en un mundo imperfecto y siempre habrá cambios que desearíamos ver en nuestras vidas y en las de los demás. El síndrome «seré feliz cuando...» siempre será un camino tentador, pero no vamos a transitar por él. Ahora sabemos que el único antídoto para nuestros interminables ciclos de deseo, anhelo, vacío y esfuerzo constante es la gratitud. Abastecernos de ella es lo más inteligente que podemos hacer si queremos vivir una vida de verdad feliz. Punto.

El famoso filósofo estoico griego Epicteto lo dijo mejor hace un par de miles de años. Sus palabras son tan verdaderas hoy como lo fueron entonces:

Es un hombre sabio aquel que no se aflige por las cosas que no tiene, sino que se regocija por las que tiene.

Antes de pasar al siguiente capítulo, abre tu aplicación Mindvalley e inicia el programa de meditación en 6 fases, de ahí, puedes ir a la lección interactiva completa para la fase 2, «Felicidad y gratitud». La lección dura solo unos minutos y resume algunos de los puntos más importantes de este capítulo.

Al finalizar, puedes reproducir directamente el audio de meditación donde te guiaré a través del protocolo de gratitud. Tomará menos de cinco minutos, pero ayudará a fijar la segunda fase de tu práctica. A medida que avancemos, superpondremos cada fase. Comenzaremos el audio con la fase 1, «El círculo de amor y compasión», luego continuaremos a la fase 2, «Felicidad y gratitud». Esta superposición hace que cada fase se sustente en la anterior, aumentando así la potencia de la meditación.

Fase 3
Paz a través del perdón

*Cuando salí por la reja hacia la puerta
que conduciría a mi libertad, supe que,
si no dejaba atrás mi amargura y odio,
seguiría estando en prisión.*

Nelson Mandela

Permíteme presentarte estos tres sentimientos: resentimiento, rechazo y arrepentimiento. Como un ser humano que vive en el planeta Tierra, los experimentarás en algún momento u otro. Estos tres, por encima de los demás sentimientos, son los más insidiosos. Persisten y corroen tu estado mental durante días, semanas, meses e incluso años. ¿La razón? Todos se basan en eventos del pasado. Como dice el mono chamán favorito del mundo de Disney en *El rey león*:

> ¡Oh, sí, el pasado puede doler!

Mientras Rafiki golpea la cabeza de Simba sin piedad con su bastón torcido, Simba se da cuenta de que solo porque algo doloroso ocurrió en el pasado, no significa que ese dolor haya desaparecido. A menos que aprendamos algo de ello y lo dejemos ir, estos tres sentimientos no se irán. Los golpes de la vida continuarán lloviendo sobre nuestras cabezas y cada vez serán más difíciles de soportar. Ahí es donde entra el perdón.

El perdón: el antídoto definitivo para los dolores de tu pasado

Una definición ampliamente aceptada de perdón es la siguiente:

> *El perdón es la decisión de dejar ir el deseo de venganza y mala voluntad hacia la persona que te hizo daño.*

Estoy de acuerdo, pero creo que es más que eso. Creo que el perdón tiene menos que ver con la otra persona y más con liberarte de la negatividad. Creo que el perdón es el infravalorado antídoto contra el veneno de estos tres sentimientos. No puedes cambiar el pasado, pero *puedes* replantear la forma en la que piensas sobre él.

Es a través del perdón que la quemadura de la ira, el malestar y la hostilidad pueden sanar, dejando espacio nuevamente para la felicidad. Es a través del perdón que nuestros corazones y relaciones pueden recuperarse; a través de él podemos caminar hacia un futuro más brillante, libres de las cadenas de esa persona que no debe ser nombrada (hablaré de ello más adelante). Además, la ciencia está descubriendo algunas cosas muy interesantes sobre cómo el perdón afecta tu cuerpo físico.

Los extraños e increíbles beneficios de perdonar

Un estudio realizado por varias universidades en América, Asia y Europa descubrió que «las personas a las que se les incita a perdonar perciben que las colinas son menos empinadas y saltan más alto en las pruebas de aptitud física que las personas a las que se les incita a no perdonar».[22] Estos hallazgos demostraron que el perdón en verdad puede aligerar la carga física de la falta de perdón, propiciando una mejor salud, desempeño y resistencia.

Los beneficios del perdón no se limitan a hacerte sentir un poco más ligero en lo emocional… también puede hacer que tu *peso corporal* se sienta más ligero mientras subes una montaña o lanzas algunos tiros a la canasta de basquetbol. Buenas noticias para los sherpas y los jugadores de la NBA. No es broma, una vez, después de dar una conferencia sobre este estudio del perdón, un jugador de baloncesto olímpico se puso en contacto conmigo. Quería saber cómo profundizar en las meditaciones del perdón para poder saltar más alto.

He aquí otro beneficio inesperado y extraño, si tienes problemas cardiovasculares, escucha. También se ha demostrado que el perdón propicia un ritmo cardíaco saludable y mejora la presión arterial.[23] ¿No es esto una gran noticia? El perdón sana los corazones físicos y metafóricos: dos pájaros de un tiro.

---

[22] Zheng, Xue *et al.*, «The Unburdening Effects of Forgiveness: Effects on Slant Perception and Jumping Height», *Social Psychological and Personality Science*, vol. 6, no. 4, mayo de 2015, pp. 431-438, doi.org/10.1177/1948550614564222.

[23] Friedberg, Jennifer P. *et al.*, «The Impact of Forgiveness on Cardiovascular Reactivity and Recovery», *International Journal of Psychophysiology*, vol. 65, no. 2, agosto de 2007, pp. 87-94, doi.org/10.1016/j.ijpsycho.2007.03.006.

Además, cuando has trabajado en el perdón, tu salud mental es mucho más estable y es menos probable que viertas esa mala vibra en los que te rodean. Cuando tomas la decisión de perdonar, los efectos dominó del dolor terminan contigo. Eso es bastante heroico, ¿verdad?

¿Quién hubiera pensado que se podrían obtener todas estas ventajas de unos breves ejercicios que se centran en el perdón y están basados en la meditación? Todo este asunto revolucionario del perdón es relativamente nuevo para mí, por cierto. Perdonar a quien me hizo daño nunca fue mi fuerte, pero para nada... De hecho, me topé con los beneficios de perdonar a nuestros enemigos gracias a un afortunado accidente, y aquí es donde la historia se vuelve un poco más metafísica.

Un experimento para biojaquear la actividad cerebral de un monje en la nuestra

Todo comenzó cuando pedí que me ataran en una oscura habitación oscura en Columbia Británica y pegaran 12 electrodos en mi cabeza con la esperanza de alcanzar un estado zen bajo presión. Era 2016, y estaba en uno de los lugares más extraños en los que jamás había puesto pie. Estaba a punto de experimentar, de primera mano, los beneficios físicos, mentales y, lo que es más importante, espirituales del perdón, pero puedo asegurarles que no esperaba nada de eso.

Había decidido inscribirme en una experiencia de entrenamiento cerebral de cinco días llamada «40 años de zen». Era una colaboración entre el doctor James Hardt y el famoso biojaquer Dave Asprey. Lo hice con la esperanza de reprogramar mi mente a través de la meditación para «desbloquear mi potencial y aprovecharlo». No tenía cien por ciento claro lo que eso significaba, y esa fue, en parte, la razón por la que me presenté. Me atraen los misterios como ese.

Me costó 15 000 dólares entrar a la lista de espera; 15 000 dólares no son ninguna broma. No hace falta decir que las clases y experimentos en los que participé estaban llenos de individuos de alto nivel, gente muy exitosa y rica. Todos ellos albergaban la esperanza de tener una sobredosis de felicidad, lo que no sabíamos era que el perdón sería lo que nos la daría.

Mucho antes de mi llegada, los científicos del instituto habían estado trabajando arduamente estudiando los estados de ondas cerebrales de monjes zen que habían pasado de veinte a cuarenta años en intensas prácticas meditativas.[24] Al analizar los resultados, notaron algo muy diferente entre los cerebros de los monjes y el cerebro de un tipo promedio. Dos cosas en específico: primero, sus niveles alfa (las ondas que el cerebro emite cuando está relajado) tenían amplitudes de onda muy altas; en segundo lugar, las ondas cerebrales tenían lo que se conoce como «coherencia cerebral izquierda-derecha» (una impresionante simetría de ondas cerebrales entre el lado lógico, analítico y el lado creativo e intuitivo). Todo esto sucedía no solo mientras meditaban, sino también en su estado normal de vigilia cotidiana.

El equipo entero estaba muy entusiasmado con estos hallazgos y nos explicó cómo la meditación que induce ondas alfa puede cambiar tu cerebro para mejor, ayudarte a fluir, aumentar tu coeficiente intelectual e incluso tu creatividad; pero más emocionante aún, informaron al nuevo grupo de conejillos de indias —el grupo del que yo formaba parte— que estaban investigando si era posible recrear estados mentales similares a los de los monjes zen en gente común. Querían crear cambios permanentes en los patrones cerebrales de las personas para que se parecieran a los cerebros de los monjes que habían estado meditando constantemente durante veinte a cuarenta años. Aquí mis oídos se aguzaron.

Pronto me di cuenta de que esto no era una tontería, era *real*. Gracias a mi inherente escepticismo, mi tolerancia a las patrañas es y sigue siendo bastante baja. Muéstrame la ciencia y te creeré; y en ese instituto, obtuve experimentos, análisis y resultados. Cada día, durante cinco días, después de cinco horas de meditación en una cámara con nuestros cerebros conectados a máquinas, nos sentábamos con el neurocientífico asignado al proyecto y analizábamos nuestros estados y cambios de ondas cerebrales. Pensaba

---

[24] The Biocybernaut Institute, «Alpha One Brain Training and Neurofeedback», Biocybernaut Institute, biocybernaut.com/training/.

que sabía todo lo que debía saber sobre los elementos clave de la meditación y cómo usarlos para obtener los máximos resultados, pero me equivoqué.

Aunque mis ondas cerebrales reflejaban un estado mental bastante zen, mis resultados fueron nada en comparación con los de Sally. Fue Sally quien plantó en mí las semillas de la curiosidad sobre el perdón. Fue ella quien inspiró la fase 3.

Sally, sin lugar a dudas, tuvo una de las mayores transformaciones de ondas cerebrales que el instituto había visto. Su historia era una leyenda. Había llegado al instituto desesperada y estresada, pero durante los cinco días, sus ondas mostraron mejoras significativas que dejaron boquiabiertos a los científicos. ¿Pero qué estaba haciendo exactamente para obtener resultados tan sorprendentes?

El instituto todavía estaba en sus primeros años y los investigadores aún no sabían a ciencia cierta qué modalidades de meditación conducían a estos estados de dicha. Era un experimento relajado y sin muchas restricciones o parámetros. Colocaban a las personas en cámaras de biorretroalimentación y les decían que meditaran. «Relájate, respira hondo, evoca pensamientos felices, visualiza el océano, reflexiona».

Eso hizo Sally, pero su progreso fue incomparable. Cuando el personal del instituto le preguntó qué técnica estaba usando, ella dijo: «¿De verdad quieren saber?». La junta de científicos asintió al unísono y la vio respirar profundamente antes de decir sin pena alguna:

Estaba perdonando a mi infeliz marido.

Continuó explicando que se había dedicado a perdonar a su exesposo a lo largo de sus sesiones de entrenamiento cerebral. Hasta el día de hoy no sabemos qué fue lo que le hizo su exmarido, pero dejarlo salir de su sistema mientras meditaba en el laboratorio estaba haciendo maravillas para su cerebro.

¿El perdón puede ser una megaherramienta inductora de ondas alfa? Interesante. Resulta que, después de estudiar a miles y miles de personas de todo tipo, los científicos del instituto afirman que hay una manera segura de alcanzar estos estados cerebrales, y es a través de una práctica del perdón. El perdón era la clave para hacer que nuestras ondas cerebrales se parecieran lo más posible a las de los monjes zen-Roshi que habían pasado décadas meditando. Aquí es donde todo esto empezó a dar un poco de miedo.

El cuarto día del evento me senté a desayunar en una posada cercana donde me alojaba con otros participantes; de repente, vimos a Matt (su nombre fue cambiado) corriendo por las escaleras mientras miraba su teléfono. Matt se había unido a nosotros en el instituto porque había estado pasando por un momento difícil —momento que, antes de esa mañana, había elegido no compartir—. Se veía muy alterado, parecía que acababa de ver un fantasma.

—Matt, ¿qué pasa? —pregunté.

—Mi... mi hermano acaba de enviarme un mensaje —respondió.

—¿Son malas noticias, algo salió mal?

—No… Es solo que no he hablado con él en dos años.

Matt continuó diciendo que algo inexplicable acababa de suceder. Verás, él había pasado los últimos tres días en el instituto perdonando a su hermano. Lo que su hermano le había hecho cuando era niño realmente lo había herido mucho.

A los veinte años, Matt había desarrollado una severa adicción a la cocaína y al sexo con prostitutas para lidiar con el dolor. Su relación poco saludable con la sexualidad estaba arruinando su vida, ya que se sentía incapaz de crear relaciones significativas; pero esta no era la historia cliché de la fama que se le subió a la cabeza, no estaba viviendo al estilo rocanrol «vivir rápido, morir joven» por vigor jovial. Se había encontrado en el camino de la autodestrucción porque su hermano había abusado sexualmente de él cuando era niño. No hace falta decir que Matt lo detestaba.

En el instituto, al enterarse del poder del perdón para la sanación personal, Matt había pasado tiempo tratando de perdonar a su hermano; fue entonces cuando, en el cuarto día, sucedió algo bastante inusual. De la nada, su hermano le envió un video diciéndole lo arrepentido que estaba y pidiéndole perdón; él no tenía idea de que Matt estaba en ese instituto.

Su historia nos sorprendió a todos.

Al parecer, el perdón puede cruzar algunos límites no físicos e impactar las vidas de las personas que estamos tratando de perdonar. Además, tiene el poder de curar tanto a la víctima como al perpetrador.

Perdón: efectos dominó en el campo no físico

Años más tarde, me encontré con una idea que explica fenómenos como este en una entrevista que le hice a Gary Zukav, un maestro y autor estadounidense de autoempoderamiento. Habló sobre lo total y profunda que es nuestra interconexión en el mundo no físico. Es mucho más profunda de lo que nos han enseñado a creer. Esto es lo que Gary me dijo:

> La ley no física te permite usar causas no físicas para crear efectos no físicos y también efectos físicos. Esto no significa que no tengas el control de lo que creas. ¡Al contrario! Significa que eres libre de crear lo que quieras, siempre que seas consciente de cómo funciona la ley no física de causa y efecto.

También diría que lo que sucedió con Matt no fue una coincidencia: Matt creó ese resultado con su hermano en el campo no físico a través del perdón.

Gary explicó que habitamos la realidad no física más de lo que habitamos la realidad física que está a nuestro alrededor en el momento presente. Si lo piensas, venimos de la realidad no física antes de nacer y volveremos a ella cuando muramos, pero aun mientras vivimos en la Tierra, una gran parte de nosotros todavía reside y evoluciona dentro de ese reino no físico. La mayoría de nuestras interacciones con otros seres humanos ocurren en esa misma realidad no física. Gary lo expresó de esta manera:

> Tus intenciones son tus causas no físicas que ponen la energía en movimiento. Crean una multitud de efectos y, por lo tanto, determinan las experiencias de tu vida.

Se ha vuelto evidente que incluso si la otra persona no sabe que la estás perdonando por algo, el acto en sí puede crear una serie de efectos que ninguno de nosotros entiende en la actualidad. ¿Es posible que además de hacernos sentir bien, el perdón pueda afectar e influir en el comportamiento de quienes te rodean? La respuesta simple es sí. Así que decidí probarlo yo mismo.

Mi extraño golpe de suerte después de experimentar un profundo perdón

Después de realizar mi propia investigación sobre algunos otros beneficios, sentí curiosidad por probar esto del perdón yo mismo. Curiosamente, el día que decidí perdonar una de las cosas que más me han dolido, alcancé mis niveles más altos de amplitud de ondas alfa hasta la fecha. Recuerdo que, cuando terminé la meditación, abrí los ojos. Las lágrimas estaban corriendo por mis mejillas antes de ver el número más alto que jamás haya alcanzado en la pantalla de *biofeedback*. Era un espectáculo emocionante para mis cansados ojos. Y las cosas buenas siguieron pasando.

En el verano de 2017, regresé a mi entrenamiento del perdón en 40 años de zen, esta vez en Seattle. Allí se confirmó que el perdón no solo aumenta tu paz mental y los niveles de ondas alfa, sino que también crea resultados mágicos en tu mundo exterior. Los científicos me explicaron que uno de los efectos secundarios de profundizar en este proceso es que la sincronicidad y la manifestación se aceleran. En resumen, tus deseos y sueños más íntimos se hacen realidad más rápido y con más facilidad. Aunque, siendo científicos, no usaron las palabras *sincronicidad* o *manifestación*, lo que dijeron fue que la gente parecía tener «más suerte». ¡Qué hermosa promesa!

Ahora, como al 99 % de los niños de mi generación, las personas mayores y más sabias me habían dicho que si algo suena demasiado bueno para ser verdad, es casi seguro que no lo sea; así que entré al programa con mis dudas. Lo que sucedió fue el resultado de inesperada, alucinante y extraña suerte.

Después de haber terminado mi entrenamiento del perdón ese verano, volví a casa y seguí con mi vida. Regresé al mundo «real», ya sabes, trabajo, niños, facturas, cosas normales. Había olvidado lo que los científicos dijeron sobre todo eso del perdón y la felicidad eterna.

El año anterior acababa de publicar mi primer libro, *El código de la mente extraordinaria*; para ser honesto, estaba un poco ansioso por cómo iba. Cuando escribes un libro, automáticamente te pones en un lugar muy vulnerable. La necesidad de buscar reseñas y clasificaciones es muy fuerte, pero no lo haces. No lo haces porque te obsesionarías. Es una pendiente resbaladiza. Es una regla: una vez que publicas un libro, tu único trabajo es dejar de lado los resultados y esperar lo mejor. Aunque en ese momento, sabía que se había vuelto moderadamente exitoso, *nunca, nunca* husmeas en tu página de Amazon ni echas un vistazo a las ventas o clasificaciones. Te dices a ti mismo que has terminado y pasas a tu próximo texto.

Unas semanas después de mi entrenamiento tuve un impulso extraño. «Revisa tu libro en Amazon», dijo mi intuición una tarde mientras trabajaba en mi computadora. (Nota al margen: cuando practicas el perdón, te vuelves más intuitivo). ¿Qué? No. No lo haría. No revisaría la página de Amazon. «Revisa tu libro en Amazon». Pero… «Revisa tu libro en Amazon». Esa voz era bastante persistente, así que por esta vez rompería las reglas. Cedí.

«¿Qué diablos?». Lo comprobé de nuevo. «No puede ser». Lo volví a comprobar. Amazon me mostraba que era el segundo autor más vendido del mundo, por delante de Tolkien y J. K. Rowling. Lo que es todavía más extraño, el día anterior, el 16 de septiembre del 2017, mi libro se había convertido en el libro número uno del mundo en Amazon Kindle. Eso, como escritor, era música para mis incrédulos oídos. ¿Fue una coincidencia? Quizás. ¿O fue la «suerte» de la que hablaron esos científicos?

Resulta que el perdón es un entrenamiento trascendental que puede conducir a eventos extraordinarios en nuestras vidas. Es una increíble y muy poderosa herramienta de manifestación, así como un camino hacia la salud y la prosperidad. ¿Lo entendemos al cien por ciento? No, pero como dijo una vez el físico Nassim Haramein: «La espiritualidad no es más que física para la que aún tenemos que encontrar una ecuación».

Pero… ¿podemos perdonar a quien sea y lo que sea?

Sé lo que estás pensando. Todo esto está muy bien, pero ¿y si alguien hiciera algo muy, muy malo? ¿Qué pasa si el acto es imperdonable?

Antes que nada, lo estás haciendo por ti, no por alguien más. No perdonar es engañarte a ti mismo porque, por supuesto, eres digno de todos estos beneficios y mereces vivir una vida sin resentimiento. La primera regla del perdón es que podemos perdonar *cualquier cosa*. Solo recuerda a mi amigo Matt la próxima vez que pienses que algo es imperdonable. Si Matt puede perdonar a su hermano por haber abusado de él cuando era niño, tú puedes perdonar a quien te haya lastimado. Si Nelson Mandela puede invitar a sus carceleros (que lo encerraron injustamente durante 27 años) a cenar para partir el pan, puedes perdonar a quien sea que haya arruinado tu vida.

El perdón te libera, pero como hemos visto, también puede abrir las puertas a oportunidades increíbles y proporcionarte las herramientas que necesitas para vivir tu mejor vida.

Cómo el perdón te libera: la historia de Ken Honda

Hay un hombre increíble llamado Ken Honda, también conocido como el *Panda feliz*, quien; es el orgullo y la alegría de Japón. Y por una buena razón.

El *Millonario zen* (otro nombre con el que lo llaman), es una de las personas más exitosas, agradables y satisfechas que he conocido. ¿Y adivina qué? Él atribuye su éxito, en gran parte, a la práctica del perdón.

En el curso de Mindvalley, Money EQ, compartió algo muy personal con nosotros. Cuando Ken era un niño, tenía miedo de estar cerca de su padre. Como un hombre de negocios japonés que debía atravesar muchas dificultades que era, además, muy estricto, su padre se había endurecido ante los desafíos de la vida y tendía a desquitarse con su hijo. Jamás le dijo a Ken qué problemas tenía y nunca, nunca, se desvió del camino estoico; como la mayoría de los hombres japoneses de la época, no mostraba sus emociones. Al menos hasta que una noche, Ken entró en la cocina para encontrar a su padre sollozando, con la cara enrojecida y enormes lágrimas corriendo por sus viriles manos que intentaban proteger su rostro.

Ken fue testigo de algo que nunca había visto antes. No sabía que era posible que un hombre llorara. «Mi padre... llorando?». Sobra decir que estaba sorprendido. ¿Qué podría haber causado que su gran, autoritario y rudo padre llorara como un bebé? La única cosa que hace girar al mundo: el dinero.

Ese fue el comienzo de una espiral en picada. Estaban luchando financieramente, y a esa tierna edad, Ken se dio cuenta de sus problemas de dinero.

«El dinero debe ser malo». «El dinero es estresante». «Nunca hay suficiente dinero». «El dinero hace llorar a mi papá». Estas, entre otras, fueron las creencias que Ken absorbió sobre el dinero. Son clásicas.

Nuestras creencias limitantes, dadas por nuestros padres, rápidamente se convierten en enormes bloqueos que se solidifican con el tiempo. Los bloqueos de dinero son probablemente los más comunes, pero por desgracia, a menudo tienen las mayores consecuencias. ¿Una de ellas? El dinero deja de fluir hacia ti porque *no crees* que lo hará. Esto le causó a Ken muchas dificultades mientras crecía y todo fue culpa de su padre. Su padre no solo lo había abandonado emocionalmente y le había mostrado poco o nada de amor mientras crecía, sino que también le había otorgado enormes bloqueos respecto al dinero. «Muchas gracias, papá».

Dicho esto, la historia tiene un final feliz. A juzgar por el perfil de Ken hoy, sobra decir que encontró una manera de superar sus dificultades. ¿Cómo? Ken describe lo que sucedió:

> Lo más importante para mí era perdonar a mi padre. Después de algunos intentos, por fin lo logré, y en ese perdón, encontramos una conexión muy profunda; incluso lo escuché decir las palabras: «Lo siento por todo». No me lo esperaba.

Ken lo perdonó por haberle hecho pasar un mal rato cuando era niño. Resultó que su padre había sido tratado de la misma manera por su progenitor.

> Fue herido mucho tiempo antes que yo, de la misma manera, por su padre. Ahora tenemos una nueva conexión:

la empatía. Hoy hemos construido un vínculo muy pro-
fundo, como de hermanos.

Las personas heridas lastiman a otras después de todo. Esa comprensión ayudó a Ken a vincularse con su padre y a acelerar el perdón, pero la historia no terminó ahí. Ken no solo curó sus heridas de dinero, sino que la nueva empatía que tenía por su padre le abrió la puerta a su gran historia de éxito. Esto es lo que me dijo:

> *Solía tener muchos problemas para escuchar a los mayores*
> *porque no confiaba en ellos, como no confiaba en mi padre,*
> *pero después de sanar todo ese dolor, pude acercarme más*
> *a ellas. Gracias a eso me convertí en un buen estudiante de*
> *muchos de mis mentores de temas de dinero, incluido el*
> *gran Wahei Takeda.*

Fue Wahei Takeda, el Warren Buffett de Japón, quien guio a Ken para que se convirtiera en el escritor número uno en dicho país, con más de cincuenta libros publicados. Uno de cada veinte japoneses ha leído a Ken. Ningún otro escritor se le acerca. Es gracias a su propio viaje de perdón que ha podido ayudar a millones de personas a sanar sus heridas con respecto al dinero para que ellas también tengan una vida mejor.

«Te he enviado nada más y nada menos que ángeles»

Cualquier fan de Neale Donald Walsch sabrá que él también es un gran defensor del perdón. Es conocido principalmente por su serie de libros *Conversaciones con Dios* (de la cual se han vendido más de quince millones de copias), pero por increíble que sean esos volúmenes, es una de sus obras menos conocidas la que tiene un lugar muy especial en mi corazón: un libro para niños sobre el perdón.

Por cierto, si como yo, tienes niños pequeños y estás interesado en enseñarles a perdonar y a navegar de manera saludable todas las emociones que acompañan el perdón, definitivamente quieres

ALK

ChecK

obtener una copia. Se llama *La pequeña alma y el sol.* En este libro, Neale comparte un mensaje muy interesante: en resumen, que Dios, el Gran Espíritu, el universo, te envía lo que necesitas (no lo que quieres) en el momento adecuado.[25]

Si alguien te traiciona, aunque consideres que es el diablo disfrazado, en realidad está en tu vida para enseñarte lecciones valiosas y brindarte una oportunidad para el autodescubrimiento. Como Dios le dice a la Pequeña Alma en el libro: «No te he enviado nada más que ángeles».

Eso no quiere decir que tengas que ser el mejor amigo del perpetrador. Ese es un error común sobre el perdón y tiende a desanimar a las personas. El perdón no se trata de volver con tu ex o retirar los cargos si alguien ha cometido un delito penal contra ti. No es un indulto y no justifica los horribles actos que puedes haber sufrido. No hay manera. Eso déjaselo al sistema legal. En resumen, puedes perdonar al ladrón, pero aun así lo denuncias ante la ley para que no le robe a nadie más. Incluso si no presentaste cargos, al menos puedes descansar sabiendo que el karma es una perra y tomará represalias.

Es broma. (No, no es broma).

Pero hablando seriamente, hazme caso cuando digo que el perdón nunca se trata de la otra persona. El perdón es un proceso personal e interno de curación. Se trata de *ti* y tu bienestar, no del de nadie más. Estás perdonando por *ti mismo*, no por ellos. A través de este proceso de dejar ir, te estás liberando del resentimiento, del rechazo y del arrepentimiento (¿recuerdas que ya hablamos de esos sentimientos?). El resto, decides dejárselo al universo.

Neale defiende la idea de que, una vez que estés alfabetizado en el perdón, llegarás a un lugar en el que tendrás cada vez menos cosas que perdonar. «El maestro nunca necesita perdonar», me dijo, «porque el maestro entiende». Neale me explicó que, en cierto punto, después de profundizar en el perdón, el acto se vuelve automático; simplemente entiendes la perspectiva de los demás (por errónea que sea) y ya no te irritas ante sus malas decisiones o acciones. Esta es la clave de la siguiente idea: volverse *inalterable*.

[25] Walsch, Neale Donald, «The Little Soul and the Sun: A Children's Parable», adaptado de *Conversations with God*, Hampton Roads Publishing, 1998.

Perdón: una vía rápida para ser inalterable

Otra cosa que el perdón te da es la capacidad de mantenerte tranquilo y fuerte ante una agresión.

Recuerdo haber viajado al aeropuerto después de mi experiencia en 40 años de zen. Los participantes de la clase nos habíamos vuelto tan cercanos que todos decidimos mantenernos en contacto. Mientras me llevaban al aeropuerto, vi que Matt había publicado un mensaje en nuestro chat grupal. Era un meme que decía así:

> **Inalterable**
> Definición: (adj.) Cuando estás en paz y en contacto contigo mismo, nada de lo que alguien dice o hace te molesta y ninguna negatividad o drama pueden tocarte.

Matt escribió debajo de la imagen. «¡Creo que todo este perdón nos hizo inalterables!». Sonreí. Y estuve totalmente de acuerdo.

Volverte inalterable no sucede por sí solo. Las personas fuertes crecen a partir de experiencias de vida turbulentas, de agallas, sangre, sudor, lágrimas y perdón profundo del más alto calibre. El perdón te deja eso como regalo de despedida, junto con importantísimas lecciones de vida.

Ahora, cuando hablo sobre el perdón, no me refiero solo a los perpetradores que hicieron una aparición estelar en tu vida con sus tonterías, también hay que abordar el perdón hacia uno mismo. Eso es una cuestión muy diferente.

¿Necesitas perdonarte a ti mismo?

Perdonarse a sí mismo es aún más difícil. Muchos, sin siquiera saberlo, cargamos remordimientos secretos y autodesprecio como piedras en nuestros bolsillos, pero a medida que pasa el tiempo, ese perdón que nunca sucedió tendrá un gran impacto en tu autoestima.

Escucha. Si actuaste mal, aprendiste la lección y estás comprometido a no volver a hacerlo, mereces tu propio perdón. Punto. Puedes dejarlo ir. Todos metemos la pata y eso no nos convierte en malas personas. Nuestros errores no tienen que definirnos. Nuestros malos actos no nos hacen malos por naturaleza. Recuerda: la mejor disculpa para cualquier persona y para ti mismo es el *cambio de comportamiento*.

Al leer el protocolo del perdón, debes saber que también está ahí para ayudarte a perdonarte a ti mismo. Una vez que seas bueno en eso, puedes sacar esos pequeños guijarros de tu bolsillo o esas enormes rocas de resentimiento de tu mochila metafórica. Ya sea olvidando los malos tratos del mesero en la cena de anoche, perdonándote a ti mismo por una gran traición o limpiándote de los rencores contra las personas que amas, los beneficios de perdonar son infinitos. De nuevo, no estás haciendo esto por nadie más que por ti mismo. Recuerda eso.

Sin más preámbulos, aquí está el protocolo del perdón que diseñé para la fase 6. Está inspirado por el doctor James Hardt y fue afinado por el equipo de Dave Asprey en 40 años de zen. Sé amable contigo mismo, ve despacio y permite que tus habilidades del perdón se profundicen con el tiempo.

Protocolo del perdón

Paso 1. Identifica a la persona o acto que vas a perdonar

Elige a la persona o acto que te gustaría perdonar. Si estás haciendo esto por primera vez, comienza con algo pequeño. El perdón es como un músculo, necesitas fortalecerlo antes de trabajar con cosas más pesadas. Yo elegiría a una persona que amara mucho, como mi pareja o mi hijo, y los perdonaría por una molestia cotidiana de algún tipo. A partir de ahí, con la práctica, puedes llegar hasta los eventos más importantes y traumáticos que te han atormentado durante años; pero todavía no.

Recuerda, también puedes optar por perdonar a una versión más joven de ti mismo por algo que hiciste en el pasado. Esto puede ser tan transformador —si no es que más—, que perdonar a otra persona.

Paso 2. Crea el espacio

Elige un ambiente reconfortante y relajante en tu mente para permitir que ocurra el proceso de perdón. Puedes elegir un lugar real, como tu jardín o sala de estar, o puedes imaginarlo, por ejemplo, una playa tropical costarricense. Incluso puede ser tu versión del cielo o un lugar sagrado de adoración. Piensa en esa persona y mírala parada frente a ti en este entorno. Debes saber que estás protegido y que nada malo puede suceder en este escenario mental y teatral. Todo está pasando en la seguridad de tu mente.

Paso 3. Lee el cargo

Imagina que invitas a la persona o representación del acto a tu espacio seguro. Estás a punto de leer el cargo como si fueras un juez en la corte. Puedes, por ejemplo, recitar las fechorías así: «[inserta el nombre], me trajiste dolor y sufrimiento al [insertar la fechoría]».

Mantenlo formal, profesional y distante, pero haz todo lo posible por cubrir los detalles. Léelo como si fueras un abogado experto hablando en la corte. Dilo todo, incluyendo por qué crees que la fechoría estuvo tan mal. No dejes nada fuera.

Aquí hay un ejemplo de un cargo que leí mentalmente una vez que estaba perdonando a un exdirector de escuela por castigarme de manera cruel cuando era niño.

> *Había olvidado mi* short *para la clase de educación física ese día. Tú querías explotar tu poder, así que te metiste conmigo. Tenía 14 años. Yo era un niño. Mi único error fue olvidar empacar mi* short. *Sin embargo, me obligaste a pararme bajo el sol ardiente en la cancha de baloncesto durante tres horas. Mi maestra de clase te pidió que te detuvieras. Era un buen estudiante y tenía excelentes calificaciones. Sudé bajo el sol hasta casi desmayarme. Perdí el respeto por ti. Perdí el respeto por mi escuela. El castigo debe ajustarse al crimen. No puedes castigar a un niño de esa forma.*

Paso 4. *Siente la ira y el dolor*

Después de declarar la acusación, tómate un momento para sentir la ira, el resentimiento y la tristeza que esta persona te causó. Permítete expresarlo: grita, llora, maldice, lo que sea que necesites hacer para llevar todos esos sentimientos a un clímax (no te preocupes, esto solo agravará tu dolor temporalmente. Piensa en ello como un puño cerrado: tienes que apretarlo para luego soltarlo y relajarlo por completo). Puedes configurar un temporizador durante dos minutos, eso te ayuda a sentirte más seguro. Después, respira hondo y elige soltarlo todo. El objetivo es no enterrar tus sentimientos, tienes que dejarlos salir y luego curarlos.

Paso 5. *Identifica las lecciones que aprendiste*

Rumi dijo: «La herida es el lugar por donde entra la luz», lo que significa que hay valor en cada experiencia que parece ser negativa. Entonces, ¿qué aprendiste de todo esto? Por ejemplo: «De esta dolorosa experiencia, aprendí a establecer límites saludables y superar mi adicción a complacer a las personas» o: «Aprendí que soy mucho más fuerte y más resiliente de lo que creía».

Cuando identificamos que las lecciones aprendidas en nuestras dificultades nos hicieron mejores personas, le damos sentido a nuestro sufrimiento. Este paso lo replantea y le da valor, sienta las bases para que avancemos, libres de resentimiento. Mi amigo Michael Beckwith se refiere a esto como un momento «kensho», que se traduce como *crecimiento a través del dolor*.

Paso 6. *Piensa en cómo la otra persona puede haber sido lastimada en el pasado*

Las personas heridas lastiman a las personas. Entonces, ¿cómo sufrió esta persona en el pasado?, ¿qué causó que se portara mal contigo? Por ejemplo, en mi caso, «[insertar nombre] me lastimó de esa manera debido a su propia falta de autoestima, que ha tenido desde la infancia, cuando sufrió acoso en la escuela. Fue un auto-sabotaje».

Deja que tus ideas fluyan. Las personas rara vez son malvadas por naturaleza; considerar su historia te ayudará a unir las piezas y formar una comprensión lógica.

Si esta parte no es fácil, tal vez te ayude transformar a la persona que estás imaginando en su yo más joven. Vela como un niño parado frente a ti. ¿Qué podría haberla lastimado tanto como para sentir que tal o cual comportamiento estaba bien?

Cuando pensé en el maestro de la escuela que me castigó tan cruelmente, recordé que solía ser levantador de pesas. Tal vez tuvo un entrenador que lo presionó demasiado. Tal vez sintió que me estaba haciendo más fuerte al presionarme. Cuando lo vi como un joven que quizá tuvo un entrenador abusivo, comencé a comprender de dónde venía su rigor.

Paso 7. Ve la escena a través de sus ojos

Para este paso, tendrás que imaginar que tienes superpoderes para leer la mente. Visualízate flotando fuera de tu cuerpo y yendo directo al de la otra persona. Ve la situación a través de sus ojos. ¿Cuál podría haber sido su proceso de pensamiento para explicar por qué te hizo lo que te hizo? ¿Cómo se sintió mientras lo hacía? ¿Consideró al menos que sus acciones podrían causarte dolor? ¿Cómo te vio en ese momento?

Una vez más, ayuda mucho imaginar a esa persona cuando era niña. ¿Qué presenció o experimentó que podría haberla llevado a actuar de esa manera problemática cuando se convirtió en adulta? No tienes que justificarlo o estar de acuerdo con ello en ningún punto de tu recreación, solo experiméntalo por ti mismo lo mejor que puedas. Aquí es donde entra la empatía y la frontera se desvanece. Todos somos humanos, todos estamos conectados y todos tenemos algún tipo de defecto.

Paso 8. Perdonar para dar cabida al amor

Sé que este paso puede parecer cursi, pero es deliberado. Cuando pregunté a los científicos del Instituto Biocybernaut cómo podíamos saber si realmente habíamos perdonado a alguien, dijeron: «Es difícil de determinar, pero la mejor medida sería un abrazo. Si imaginaste a esa persona frente a ti mientras meditabas y te sentiste a gusto con la idea de abrazarla, lo más probable es que la hayas perdonado para dar paso al amor».

Así que pregúntate si puedes visualizarte perdonando a esta persona en tu espacio seguro y si tienes amor suficiente para abrazarla. Si estás batallando, puede ayudar visualizarla como si fuera niña de nuevo, un niño inocente y perdido que no podía saber lo que hacía. Así que abraza a esa persona, sabiendo que estás del todo protegido. En esta etapa, deberías sentirte mucho más ligero.

Ahora, te has sanado a ti mismo, no a ellos. Has eliminado una gran cicatriz kármica de tu sistema. Si tuviéramos que medir tus ondas cerebrales, veríamos un enorme aumento en tus ondas alfa y en la coherencia entre el hemisferio izquierdo y el derecho.

Si tienes algo muy doloroso que sanar, es posible que retengas a la misma persona en tu fase 3 durante las próximas semanas, pero puedes estar seguro de que la perdonarás con el tiempo. Tu esfuerzo producirá resultados y si tu intención es pura, si tu verdadero deseo es perdonar, lo lograrás. Confía en mí.

No estoy diciendo que este proceso sea fácil. No está destinado a serlo. Voy a decirlo de una vez: esta es, con mucho, la más desafiante de todas las etapas de la meditación en 6 fases. Se necesita mucha fuerza, y la mayoría de la gente ni siquiera se molesta en intentarlo. Sin embargo, ahora sabes por qué vale la pena ser la persona que lo hace. Ahora sabes que es el perdón lo que te libera del dolor que evita que te conviertas en la mejor versión de ti mismo.

Como Rumi dijo: «Oh, si no soportas que te froten, ¿cómo te convertirás en una gema pulida?». Por lo tanto, permite que la aspereza de la vida te pula, junto con todos los humanos defectuosos y falibles que te rodean en tu viaje. Entonces, y solo entonces, podrás salir y brillar para que todo el mundo lo vea.

Antes de pasar al siguiente capítulo, abre tu aplicación Mindvalley e inicia el programa de meditación en 6 fases. A partir de ahí, puedes saltar a la lección interactiva completa para la fase 3, «Paz a través del perdón». La lección dura solo unos minutos y repasarás algunos de los puntos más importantes de este capítulo. Al finalizar, puedes remitirte directamente al audio de meditación donde te guiaré a través del protocolo del perdón. Tomará menos de cinco minutos, pero ayudará a fijar la tercera fase de tu práctica.

Bono: en el curso de meditación en 6 fases que viene con este libro, incluí un video adicional donde enseño una técnica basada en la intuición para ayudarte a evaluar cuándo y si ya terminaste de perdonar a alguien. De esta manera, sabrás en qué momento pasar al siguiente elemento de tu lista del perdón.

Fase 4
Una visión
para tu futuro

*Todo lo que tenemos que decidir
es qué hacer con el tiempo que tenemos.*

Gandalf, *El señor de los anillos*

Tuve un sueño. Claro, no uno al nivel de Martin Luther King, pero fue un logro bastante grandioso para mí. Yo, Vishen Lakhiani, quería representar a mi país, Malasia, en un torneo internacional de taekwondo de clase mundial.

Corría el año de 1993 y yo era un chico de 17 años. En ese momento estaba muy interesado en las artes marciales; tenía a mis deidades supremas: Bruce Lee y Jean-Claude Van Damme (que acababa de protagonizar la película *Kickboxer*). Yo era el tipo de niño que apenas podía mantener una conversación en la escuela, y como me habían molestado durante la mayor parte de mi vida, mi padre, como cualquier buen padre, decidió inscribirme a taekwondo (también conocido como karate coreano) para que pudiera patear traseros.

Dado que me otorgó un nuevo sentido de confianza en mí mismo, el taekwondo se convirtió rápidamente en mi obsesión. Practicaba en el jardín todos los días, pateando nuestro árbol de papaya, descalzo, al igual que Jean-Claude Van Damme lo haría en su papel icónico en *Kickboxer*. Yo, por supuesto, nunca logré derribar ese árbol de papaya, y por lo regular me rendía a la primera señal de dolor punzante, pero mi entusiasmo era innegable.

Una tarde, mi instructor de artes marciales me dio la noticia más emocionante de mi vida hasta el momento: habría una gran competencia de taekwondo en el Abierto de Estados Unidos 1993, en Colorado, y existía la posibilidad de representar a nuestra bandera.

Primero, tendría que vencer a todos mis compañeros de clase en una competencia de romper madera. Una vez que fuera seleccionado, competiría contra todos los jugadores principales de mi país, en las nacionales. Si conseguía el oro en ambos torneos, tenía la oportunidad de ser elegido para competir en el Abierto de Estados Unidos.

Nunca había puesto un pie en los Estados Unidos antes y decir que visitar ese país era mi sueño sería quedarse corto. Estados Unidos era una meca para mí. A menudo me sorprendía soñando despierto sobre cómo sería: la tierra de las estrellas de cine de Hollywood, MTV, Coca-Cola, hamburguesas... Para hacer la cosa más seductora aún, mi instructor nos dijo que habría un viaje a Disneylandia para los finalistas. Eso lo decidió: tenía que ganar la competencia. Pronto se convirtió en la mayor obsesión de mi cerebro de 17 años.

Mientras mis compañeros centraban su atención en las niñas y los videojuegos, yo profundizaba en mis estudios sobre la filosofía de la visualización creativa. En aquel entonces, era un ávido *geek* de la manifestación. Mi obsesión con la meditación y la visualización creativa había comenzado cuando descubrí un libro llamado *El método Silva de control mental* en la estantería de mi padre. El autor, José Silva, a quien ya mencioné, había desarrollado un poderoso método para entrenar su cerebro y hacerlo entrar en estados relajados antes de visualizar los resultados que deseaba. El método Silva fue uno de los primeros y más populares programas de crecimiento personal de Estados Unidos y fue tan grande en la década de los 80 como Tony Robbins o Mindvalley lo son hoy.

Armándome con mis conocimientos básicos del método Silva, me puse a practicar. Me convertí en un gran conocedor adolescente de la visualización creativa. Alrededor de diez meses antes de la competencia, me sentaba tres veces al día, todos los días, a visualizar cómo se desarrollaría mi sueño. Lo vi todo. Me vi aterrizando en los Estados Unidos y respirando aire americano, que supuse que estaba lleno de genialidad y de «yo puedo hacerlo». Me vi dirigiéndome al centro de entrenamiento con mi rudo uniforme de taekwondo; vi esas luces intermitentes bañándome de atención; escuché los aplausos a mi alrededor mientras entraba al *ring* para enfrentar a mi oponente; vi la palabra «malasia» cosida con amor en la parte posterior de mi uniforme de taekwondo perfectamente planchado.

El día por fin llegó. Era hora de, literalmente, hacer pedazos la primera etapa: la competencia de romper madera. En esta etapa, me encontraría frente a tres seres humanos con cinturones negros que sostenían tres tablones de madera. Las reglas eran simples: romper de una patada, y en el menor tiempo posible, las tres piezas de madera de dos pulgadas de grosor. Me enfrentaría a mis compañeros de clase, a mis amigos, pero ese día no eran amigos míos. No tendría piedad. Disneylandia estaba en juego.

Escuché el silbato. Respiré hondo. Sabía que tenía unos segundos para romper cada pieza y estaba más listo que nunca. ¡Levanté el pie con gracia en lo que me pareció cámara lenta y dejé escapar mi mejor imitación de un agudo *heia* de kung-fu!

Pum. Pum. Pum. Hecho.

Bajé el pie como un ninja. La madera seguía intacta, pero eso no me sorprendió ni un poco. Confiaba en que se rompería. Sería como una de esas escenas épicas de una película de samuráis donde el guerrero cortaba a su enemigo en dos, solo para ver cómo se separaba segundos después en cámara lenta. Una vez que las piezas cayeran al suelo, yo me regodearía, alegre entre los aplausos entusiastas.

Diez segundos después, la madera todavía era una sola pieza sólida. El silbato volvió a sonar. Estaba fuera. No había podido romper una sola fibra de esos tablones. Miré mi pie derecho como si fuera una rata muerta en el extremo de mi pierna temblorosa y arrastré mi lamentable trasero fuera de la sala de entrenamiento. Estaba fuera y ni siquiera había pasado la primera etapa.

Avergonzado, consideré seriamente no asistir a los torneos nacionales para apoyar a los miembros de mi equipo que sí rompieron sus tablones. Lo que es peor, mi fe en la visualización creativa desapareció. Me había fallado en mi objetivo más deseado. Sin embargo, este no es el final de la historia. Estaba a punto de descubrir la primera lección de la visualización creativa.

Lección 1. *Olvida el «cómo», en su lugar, concéntrate en el «qué» y el «por qué»*

Supuse que lo que me llevaría a mi objetivo de ganar el campeonato era el *cómo:* romper esa madera en la primera prueba, lo que me conduciría a la siguiente fase, y así sucesivamente, pero había fracasado. Lo que no sabía, y que estaba a punto de aprender, era que mientras te centres en el *qué* (llegar al Abierto de Estados Unidos) y el *por qué* (porque era mi pasión), el *cómo* se resuelve por sí mismo. El *cómo* resultó ser un golpe de suerte que nadie podría haber predicho.

Después de pasar en un estado de depresión la semana más triste hasta ese momento de mi vida de 17 años, por fin acepté mi destino. Había llegado el momento de ser un buen compañero de equipo. Terminé sentado solo en el estadio para ver a los mejores jugadores de Malasia luchar por ese lugar en el Abierto de Estados Unido. Y gracias a Dios que lo hice.

Allí estaba yo: en la banca, con la capucha puesta, apoyando a Daniel, uno de mis compañeros de equipo en ese momento. Él acababa de participar en un encuentro increíble y seguramente conseguiría un lugar en el Abierto de Estados Unidos. Tenía una altura y constitución similares a las mías, y lo había logrado, pero para mi sorpresa, llegó cojeando hacia mí al final del encuentro:

—Vishen, creo que me lastimé el pie.

—¡Guau!, ¿en serio?

—Mi próxima competencia es la ronda de romper tablas, pero siento que podría tener una fractura por sobrecarga. Si parto la madera, me lastimaré aún más.

Asentí en silencio.

—¿Tomarías mi lugar?

—Espera, ¿qué?

—Es solo para romper las tablas, Vishen. ¿Traes tu uniforme de taekwondo?

Curiosamente, lo traía. Lo había metido en mi mochila esa mañana, como siempre. Había visto demasiadas caricaturas de Superman y pensé que yo también podría salvar vidas o atrapar a un chico malo con mi blanco y nítido uniforme de taekwondo algún día. Siempre había tenido la fantasía de caminar por la calle, solo para ser testigo del momento en el que un ladrón le robara su bolso a una pobre anciana. Al presenciar esta atrocidad, me metería en una cabina telefónica cercana, me cambiaría con la velocidad del rayo y saldría de nuevo, vestido de pies a cabeza para la ocasión, listo para patear el trasero del ladrón y salvar el bolso de la abuela (historia real). Así que estaba preparado.

Antes de darme cuenta, estaba vestido con mi uniforme completo, representando a mi clase en el campeonato de taekwondo de Malasia, a pesar de que no tenía la intención de formar parte de esa competencia en primer lugar. Una vez más, estaba frente a tres tablones de madera que, en mi mente, se burlaban de mí. «¡Ja, ja, ja, ja, ja!», se reían con sus molestas caras de madera. «Crees que puedes rompernos, ¿verdad?».

Pero yo era audaz en mi optimismo. El universo, de alguna manera, me había dado una segunda oportunidad.

Sonó el silbato. Respiración profunda. ¡Heia agudo!
Patear. Patear. Patear.

Esta vez, escuché los aplausos. Volteé para mirar mi obra. Tabla uno: rota. Tabla dos: rota. Tabla tres: intacta. Un segundo después, escuché un crujido lento. Tabla tres: ¡rota! Batí el récord de tiempo de ruptura en el evento, con 52 segundos; para mi deleite, junto a Daniel, gané la medalla de oro. Ambos nos iríamos al Campeonato de taekwondo del Abierto de Estados Unidos 1993.

Según los defensores de la visualización creativa, la práctica a menudo puede provocar sincronicidades y «coincidencias» inesperadas que permiten que tus deseos se manifiesten a pesar de las probabilidades. Así que, aunque fallé la primera vez, al final obtuve justamente lo que había visualizado. Rompí las tablas e iría al Abierto de Estados Unidos. Simplemente no conseguí la victoria que quería de la manera que esperaba. El «cómo» se solucionó solo al final.

Un camino del todo nuevo hacia mi «qué» —llegar al Abierto de Estados Unidos—, se manifestó. Tuve mi momento eureka: no había necesidad de obsesionarse con el *cómo* conquistaría mis metas. Me presenté en el Abierto de Estados Unidos, listo para el momento de la verdad. Ahí aprendería la segunda lección de visualización creativa.

Lección 2. *Sé muy claro con lo que quieres*

En el Abierto de Estados Unidos de Colorado Springs, había llegado el momento de enfrentarme a otro humano en lugar de a un tablón de madera indefenso en una competencia de combate. Era mi momento. ¡Mi sueño se estaba haciendo realidad!

Me acerqué al *ring* con confianza, pero cuando fijé los ojos en mi oponente, mi corazón cayó sobre mis zapatos de entrenamiento. Me enfrentaría a Glenn Rybak, el campeón nacional holandés. «Fabuloso», pensé para mis adentros, con sarcasmo.

Si sabes algo sobre los holandeses, sabes que son de las personas más altas del mundo, y si conoces algo de taekwondo, sabes que es, ante todo, una forma de arte de dar patadas. Entonces, cuando tienes las piernas de una jirafa, tienes una ventaja inherente.

Allí estaba yo, cara a cara —o debería decir, cara a pecho—, con Glenn Rybak. Y justo cuando estaba a punto de darle mi mejor golpe, cuando la adrenalina corría por mis venas, escuché el silbato.

—¡Chico, no puedes entrar allí con lentes! —gritó el árbitro mientras me sacaba del *ring*.

Olvidé mencionar que, en ese entonces, usaba anteojos. Y créeme, no lo hacía por estilo. Los necesitaba. Era miope con una graduación de siete puntos. Si me los quitaba, estaba frito.

—Entiendo, referí, pero estos son anteojos deportivos... estos no se rompen... —le supliqué.

—No, chico. Eso podrá estar bien en Malasia, pero no en este país. En Estados Unidos, todo el mundo demanda a todo el mundo por todo. Si esas cosas se rompen y te ciegan, podrías demandarnos por millones de dólares. No podemos correr ese riesgo.

Estaba atónito. Me sentía acabado, pero hice lo que me dijeron. Entré en el *ring* una vez más, medio ciego, y escuché el silbato. Inflé mi pecho. La silueta del hombre jirafa comenzó a moverse frente a mí. Al menos *creía* que estaba frente a mí: podría haber estado a mi izquierda, a mi derecha o flotando en el aire a juzgar por lo que veía. No alcanzaba a ver nada. Unos segundos después, mientras hacía todo lo posible por averiguar dónde demonios estaban sus extremidades... ¡zaz! Me caí al suelo.

Parte humano, parte gigante, el alcance (y la fuerza) de la pierna de ese tipo fue tremenda. Me las arreglé para ponerme de pie, tambaleándome. Todavía no había terminado. «Si tan solo pudiera ver»... bang. Antes de terminar mi valiente pensamiento, me convertí en el nocaut más rápido en la historia del torneo del Abierto de Estados Unidos de 1993: 36 segundos.

Me llevaron en camilla. Cuando me desperté en el hospital, tuve un poco de tiempo para reflexionar sobre qué demonios había sucedido. ¿Qué salió mal? Si, bajo las leyes de la atracción y la visualización creativa, «lo que ves es lo que obtienes», ¿por qué sucedió esto? Fácil. Sucedió de esa manera porque para eso me preparé. Obtuve *justo* lo que había visualizado.

Cuando estaba en casa preparándome para mi torneo en los Estados Unidos, me vi rompiendo la madera. Me vi poniéndome mi bata con la palabra *Malasia* cosida en la espalda. Me vi entrar al *ring* con confianza. Vi las luces brillantes sobre mí. Obtuve todo eso. ¡Ojalá me hubiera visto salir *caminando* del torneo en lugar de ser llevado en camilla! Esa fue la segunda lección de visualización creativa. Sé muy, muy específico en lo que visualizas. No aprendas esta lección por las malas como lo hice yo. Debes verte logrando tu meta hasta el final y declarar: «Que esto o algo mejor se manifieste». Sí, me había visto entrar en el *ring*, pero no había pensado en cómo actuaría en él, cómo me sentiría o cómo lo dejaría. Estaba tan sorprendido por la idea de llegar al Abierto de Estados Unidos que no me había molestado en pensar en lo que de verdad quería de la experiencia.

Ten cuidado con lo que deseas: los estudios sugieren que lo obtendrás

¿Alguien te ha dicho alguna vez que tengas cuidado con lo que deseas? ¿O tal vez te han advertido que no seas pesimista porque crearás una «profecía autocumplida»?

Bueno, hay algo de verdad en eso. Funciona en ambos sentidos. Si todo el tiempo piensas en algo y te convences de que pasará, para bien o para mal, lo más probable es que termine sucediendo. Y hay estudios que lo demuestran.

Lo que la ciencia está empezando a entender es que la visualización creativa es uno de los secretos mejor guardados de todos los tiempos cuando se trata de dar forma al mundo que te rodea. Los atletas ya usaban esta técnica décadas antes de que se pusiera de moda. Sabían que el cuerpo responde a lo que el cerebro visualiza.

En un estudio realizado en jugadores de baloncesto, el doctor Biasiotto de la Universidad de Chicago demostró el poder de la visualización creativa.[26] Reunió dos grupos de jugadores: un grupo lanzaba canastas y otro se limitaba a visualizar el mismo entrena-

[26] Kearns, Dwight W. y Jane Crossman, «Effects of a Cognitive Intervention Package on the Free- Throw Performance of Varsity Basketball Players During Practice and Competition», *Perceptual and Motor Skills*, vol. 75, no. 3 suppl., diciembre de 1992, pp. 1243-1253, doi.org/10.2466/pms.1992.75.3f.1243.

miento. ¡Encontró que el porcentaje de mejora entre ambos grupos varió en solo un 1%! Sí, los jugadores que solo se *visualizaban* entrenando eran casi tan efectivos para anotar como los jugadores que practicaban en la vida real. Visualizarse a sí mismo actuando, en más de un sentido, es casi tan efectivo como hacerlo realmente. Raro, ¿verdad?

Se pone más extraño. Un estudio conocido como el experimento de abducción de dedos[27] mostró que, si tomas dos grupos de personas y le pides a uno de ellos que ejercite sus dedos en un movimiento de agarre y al otro que solo visualice el mismo movimiento, ambos grupos obtienen el mismo aumento en la fuerza muscular. Considera eso por un segundo. Verte ejercitándote desde la comodidad de tu sofá tiene un efecto muy similar en tus músculos como el de ir al gimnasio. *Alucinante*, ¿verdad? Este es el poder de la visualización creativa.

También puedes curarte a ti mismo a través de la mente. ¿Has oído hablar de la terapia de imágenes? José Silva, el sujeto que escribió *El método Silva* (el mismo libro que me inspiró a usar la visualización creativa para llegar al Abierto de Estados Unidos), probó esta teoría y demostró que dicho proceso acelera los mecanismos naturales de curación del cuerpo.[28]

El doctor O. Carl Simonton, especialista de renombre mundial en radiología y oncología, declaró: «el sistema Silva, diría yo, es la herramienta más poderosa que tengo para ofrecer a los pacientes». Este fue el mismo increíble médico que enseñó la técnica de imágenes a 159 pacientes con cáncer «incurable» a los cuales les habían pronosticado 12 meses de vida. Sin embargo, después de usar la visualización creativa, de todos los participantes:

- 63 estaban vivos y bien
- 14 no mostraron signos de cáncer
- 12 tuvieron remisión/reducción del cáncer en los tumores
- 17 permanecieron estables

[27] Ranganathan, Vinoth K. *et al.*, «From Mental Power to Muscle Power—Gaining Strength by Using the Mind», *Neuropsychologia*, vol. 42, no. 7, 2004, pp. 944-956, doi.org/10.1016/j.neuropsychologia.2003.11.018.
[28] Silva, José y Philip Miele, *The Silva Mind Control Method*, Pocket Books, 1991.

Y la tasa de supervivencia promedio esperada se había duplicado a 24.4 meses.[29] Además, todos estos resultados se manifestaron solo cuatro meses después de que el experimento hubiera comenzado.

Por suerte, no me he enfrentado a la tarea de curar mi propio cáncer; pero sí sané una parte de mi cuerpo con visualización creativa. Cuando era adolescente, apareció un problema importante en mi piel. Tenía más granos de los que podía contar y eso estaba afectando muchísimo mi confianza. Durante cinco años varios dermatólogos trataron de curarme con todo tipo de soluciones extrañas, pero ninguna sirvió. Así que utilicé la visualización creativa, el proceso que aprendí en el libro de José Silva, para sanar. Y lo hice. En tan solo cinco semanas.

Cinco años de sufrimiento terminaron en cinco semanas con tan solo pensar en una piel limpia. No hace falta decir que eso lo decidió. Yo era un milagro comprobado y siempre sería un fanático acérrimo del método Silva.

De hecho, tengo mi propio curso del método Silva en Mindvalley; se llama *Silva Ultramind System*. Es la versión más reciente del protocolo, basada en los últimos descubrimientos de José antes de fallecer en 1999. Su familia me pidió que fuera el portavoz de este programa actualizado para difundirlo a la mayor cantidad de personas posible. El método Silva es ahora parte oficial de Mindvalley y uno de nuestros programas más populares.

Además de los milagrosos e inmediatos resultados que puede causar en tu propia vida (tendrás que verlos por ti mismo), también se ha demostrado que la visualización creativa:

1. Activa tu subconsciente creativo, el cual comenzará a generar nuevos planes para ayudarte a alcanzar tus metas.
2. Reprograma tu cerebro para que seas más perceptivo y sensible hacia cualquier signo o recurso que te permita alcanzar tus sueños más rápido (más sobre esto en el próximo capítulo; se llama sistema de activación reticular).

[29] Simonton, O. Carl, *et al.*, *Getting Well Again: A Step-by-Step, Self-Help Guide to Overcoming Cancer for Patients and Their Families*, J. P. Tarcher, distribuido por St. Martin's Press, 1978.

3. Aumenta tus niveles de motivación interna para que puedas tomar medidas con el fin de alcanzar el futuro que deseas.

4. Fortalece la neuroplasticidad de tu cerebro[30] (también conocida como la capacidad para crear vías neuronales) en torno a lograr los objetivos de tus sueños.

Entonces, ¿listo para intentarlo?

La regla de los tres años: construir tu visión personal

En la sección «Imaginando tu futuro de la meditación en 6 fases», te centrarás en lo que quieres manifestar dentro de tres años. Eso es, *tres* años. Este marco de tiempo es muy deliberado, porque, como humanos, a menudo sobrestimamos lo que se puede lograr en un año y subestimamos lo que es posible conseguir en tres; pero pueden pasar muchas cosas en tres años. Tal vez terminaste una especialidad en matemáticas en la mejor universidad del mundo. Quizá conociste al hombre o a la mujer de tus sueños y te casaste. En tres años es probable que incluso hayas dejado tu trabajo y fundado tu propia empresa. La gente lo hace todo el tiempo.

¿Alguna vez has escuchado la frase «cada luna azul»? Se usa para referirse a algo que sucede rara vez. ¡Eso es porque las lunas azules ocurren solo una vez cada *tres* años! Tres, se podría decir, es un número mágico.

La conclusión es que, aunque tres años no parezcan demasiado lejanos, pueden pasar cosas milagrosas durante ese período. La fase 4 se trata de visualizar tu vida dentro de ese marco de tiempo. Este es tu momento para emocionarte como niño en dulcería, así que elige.

---

[30] Blue Banyan AU, «Creative Visualization: The Neurology of How It Works—And How to Make It Work for You!», *Medium*, 22 de abril de 2014, medium.com/@ BlueBanyanAU/creative-visualization-the-neurology-of-how-it-works-and-how-to-make-it-work-for-you-8994211a7675.

¿Deseas un cuerpo sano, en forma y fuerte? ¿Quieres una relación amorosa apasionada? ¿Quieres hijos? Tal vez prefieras centrarte en el éxito de tu negocio o carrera.

De manera alternativa, es posible que desees visualizar una experiencia increíble, como viajar por el mundo, forjar nuevas conexiones y encontrar la paz interior. Echa a volar tu imaginación, la elección es tuya. No hay reglas, excepto esta: debes, debes, debes elegir algo que tú quieres. Ten en cuenta que *tú* está en cursiva.

No nos estamos preparando para lograr los sueños de otra persona ni estamos regurgitando lo que nuestros padres y profesores nos dijeron que *deberíamos* querer. El estilo de vida lineal, clásico y exitoso no es el sueño de todos. A menudo, lo que *creemos* que queremos y lo que *de verdad* queremos son dos cosas muy diferentes. Eso se debe a que la mayoría de las veces la influencia de la sociedad es muy opresiva.

Entonces, ¿cómo determinamos qué deseos nacen de nuestras almas y cuáles son puro condicionamiento? Cuando estés tratando de averiguar si algo es correcto para ti, ya sea un nuevo trabajo o una nueva pareja, saca lápiz y papel y escribe lo que de verdad quieres ver en tu vida. Sé específico. Sé claro. Anota lo que quieres para cada categoría de tu vida. El mejor método es escribir un manifiesto de vida. Así que antes de entrar en la visualización de algún glorioso aspecto de tu vida dentro de tres años, reserva tiempo para hacer el siguiente ejercicio.

La técnica del manifiesto de vida por Jon y Missy Butcher

Jon y Missy Butcher son dos empresarios increíbles y personas hermosas. Fue esta poderosa pareja quien creó el enfoque mundialmente celebrado de Lifebook para establecer objetivos.

Soy un gran fan de Lifebook y después de hacer el programa en el 2010, decidí traer Lifebook a Mindvalley. Jon, Missy y yo somos socios comerciales, y Lifebook es el principal método para definir objetivos en toda la plataforma de Mindvalley. La técnica del manifiesto que estás viendo aquí es parte del enfoque detallado de

Lifebook. Lo he simplificado y compartido para ayudarte a tener muy clara tu visión personal.

Cuando creas tu Lifebook, descubres todos tus sueños vinculados a cada aspecto de la experiencia humana, sin dejar nada al azar. Lifebook en sí es un programa de 18 horas que da como resultado la creación de un libro de más de cien páginas con una visión y un plan para tu gloriosa vida. No tendremos tiempo para cubrir todo el plan aquí, pero compartiré los conceptos básicos de la técnica del manifiesto de Lifebook para ayudarte a perfeccionar la fase 4.

Según Jon y Missy, una manera increíble de identificar y declarar tu visión es tomar lápiz y papel y escribir en un manifiesto oficial cómo sería un día en la vida de tus sueños. Eso es todo. Solo un día. Pero primero, para que tu visión sea lo más auténtica y fiel a ti, debes tener claro lo que quieres de las 12 categorías del Lifebook:

1. Salud y bienestar físico
2. Vida intelectual
3. Vida emocional
4. Carácter
5. Vida espiritual
6. Relación amorosa
7. Paternidad
8. Vida social
9. Finanzas
10. Carrera
11. Calidad de vida
12. Visión de vida

(Esa última categoría es en esencia la acumulación de las 11 anteriores; es cómo se vería tu vida si todas las otras categorías fueran como a ti te gustaría. Es, en resumidas cuentas, tu manifiesto).

Vale la pena señalar que el proceso de Lifebook es muy completo, y cuando lo hagas correctamente, pasarás varias horas en cada categoría durante seis semanas. Profundizarás en lo que es más importante para ti y por qué. Harás planes y adoptarás medidas desde una perspectiva inspirada para que todo suceda. Al final de las actividades, sabrás con exactitud a qué objetivos apuntas en cada aspecto de tu existencia humana.

Entonces, repito, si te tomas esto en serio, lo mejor que puedes hacer por ti es el programa en línea de Lifebook. Puedes encontrarlo en mindvalley.com/lifebook. Una vez que tengas claras las 12 categorías de tu Lifebook, estarás listo para comenzar a escribir tu manifiesto de visión de vida basado en tu día ideal, pero lo harás en *tiempo presente*, como si estuvieras viviendo la vida de tus sueños en este momento.

Para inspirarte, Jon me dio permiso de compartir su manifiesto contigo en este libro. Jon afirma que «Este es el documento que controla nuestras vidas. Guía cada decisión que tomamos, y es la herramienta principal que los Lifebookers usan para *de verdad* lograr la vida de sus sueños».

Fecha de creación del manifiesto de visión de vida de Jon: enero de 2017
Fecha de vencimiento: enero de 2022

Missy y yo hemos logrado la simplicidad en lo más complejo y hemos creado nuestra propia versión del cielo, aquí mismo en la *tierra*.

Vivimos una vida de lujo, aventura y pasión. Tenemos la libertad de hacer lo que queramos, cuando queramos, donde queramos, con quien queramos. Tenemos una vida extraordinaria que funciona a un alto nivel en todas las áreas importantes. Las horas de nuestros días son nuestras.

La libertad es nuestro valor fundamental. Nos despertamos cada mañana en esta hermosa casa en Hawái y nos preguntamos: «¿De qué queremos que se trate este día? ¿El proyecto más grande en el que hemos trabajado?, ¿nada?, ¿pintura?, ¿viajes?».

La vida es un patio de recreo, un lienzo para que pintemos. Vivimos haciendo lo que más nos gusta y mejor hacemos. Nuestro trabajo consiste por completo en proyectos creativos para los que estamos excepcionalmente calificados. No pasamos tiempo haciendo nada que no queremos hacer. Esto significa que creamos: escribimos, grabamos, diseñamos, producimos y construimos.

Tenemos una calidad de vida más alta que nunca, ¡lo que es mucho decir! Sin embargo, ¡casi no cuesta dinero mantenerla! (dicho esto, tenemos mucho dinero). Nuestro estilo de vida es autónomo y autosuficiente. Tenemos un hermoso bosque de alimentos, un contenedor de carne natural y un océano que proporciona la mayor parte de lo que comemos. Estamos fuera del sistema y no dependemos del Gobierno.

Trabajo en negocios dos mañanas a la semana y el resto de mi tiempo es mío para pasar con Missy y con los niños, estudiando, haciendo ejercicio, trabajando en proyectos creativos, planificando las actividades del día siguiente o cualquier otra cosa que quiera hacer. Pasamos mucho tiempo en la naturaleza... y haremos que nuestro entorno en Hawái sea cada vez más hermoso a lo largo de los años. Nuestro «templo-hogar» será la obra maestra de mi vida, por lo que es en ese proyecto donde invertiré la mayor parte de mi tiempo en el 2022 y más allá.

En el 2022, nuestros días son gratificantes y completos. Damos un paseo todas las tardes. Vemos cada atardecer juntos todas las noches. A la hora de dormir, estamos llenos del día en lugar de haber sido drenados por él. Traemos energía positiva y amorosa a la mesa. Hablamos de cosas significativas. Nos reímos mucho. Estamos relajados, saludables, felices y realizados.

Nuestras noches en Hawái son mágicas. Missy y yo tenemos una intimidad profunda y una vida sexual increíble (indescriptible, en realidad). Nos sana, es emocionante, está llena de aventura y es muy divertida. Estamos en una forma física extraordinaria para nuestra edad, ¡o cualquier edad, para el caso! Somos llamas y almas gemelas en todos los sentidos.

En el 2022, pasaremos mucho tiempo ayudando a nuestros hijos a definir sus metas y alcanzar sus sueños. Nuestros hijos y nietos están sanos, felices y muy vivos. Son luces brillantes, nada las ha opacado, porque abandonamos el sistema justo antes de que comenzara el proceso para opacarlas.

Missy y yo tenemos una rica vida social en Hawái. No dedicamos tiempo en gente que no amamos, admiramos ni respetamos. Pasamos el rato con personas fantásticas que enriquecen nuestras vidas y la hacen más divertida. Nuestros mejores amigos siempre están felices de viajar al paraíso para vernos. Invertimos mucho en nuestros amigos. Viajamos con ellos y los disfrutamos.

Estamos haciendo nuestra «buena obra», ayudando a otros en todo lo que hacemos y obteniendo un beneficio proporcional al valor que creamos. Ayudamos a solteros, parejas y familias a tener una vida mejor y alcanzar sus sueños.

Todas nuestras empresas están automatizadas y les está yendo mejor de lo que nunca imaginamos. Lifebook es la principal empresa de desarrollo personal del mundo y está cambiando vidas a gran escala. Purity es uno de los negocios de más rápido crecimiento de Estados Unidos, transformando una industria de cien mil millones. Precious Moments proporciona alegría, consuelo y esperanza a millones de personas en todo el mundo. Black Star está ayudando a la gente a sanar de la adicción. A toda nuestra familia le está yendo excelente en Lifebook for Families. Y JonAndMissy.com es donde el trabajo de nuestra vida se une filosóficamente. Es la cartera de compañías más increíble que una pareja podría poseer, ¡y no podríamos estar más orgullosos de lo que hemos creado!

Missy y yo tenemos un patrimonio neto muy alto y ninguna deuda. A pesar de nuestra riqueza, nuestra vida financiera es simple, comprensible, organizada y optimizada. Sin esquemas complicados, sin inversiones difíciles de manejar. Hemos reducido los gastos para crear la mayor brecha entre nuestros ingresos y gastos fijos, ¡así que somos financieramente libres! El efectivo es más abundante que nunca, estamos rodeados de riqueza, y estamos viviendo muy, muy bien.

En verdad vivimos en el paraíso. Hemos creado nuestra propia visión personal del cielo en la tierra. Estamos totalmente centrados. Somos felices. Somos creativos. Estamos satisfechos, ultrasaludables y energizados. Nuestra vida amorosa extraordinaria. Ejercemos nuestra carrera ideal. Gozamos de abundancia financiera. Mantenemos una relación increíble con cada uno de nuestros hijos. Disfrutamos de amistades maravillosas. Nos relajamos mucho y gozamos de nuestra vida sin sentirnos culpables por la inmensa cantidad de tiempo libre con la que contamos… Y eso tiene mucho sentido, porque nuestra vida es nuestro trabajo.

Jon me dijo que escribió este hermoso manifiesto hace cinco años. ¿Y adivina qué? Jon y Missy están viviendo cada palabra de esa vida en *este momento*. Si eso no es inspirador, no sé qué lo es.

Ahora, cuando intentas escribir un manifiesto como este, es muy probable que termines enfocándote en aquello en lo que estás poniendo tu energía en la actualidad e ignorando lo que podría ser aún más importante. Eso es porque lo que necesitas todavía no está en tu radar. Por ejemplo, es posible que te veas dirigiendo tu carrera, pero no te veas saludable. Es posible que te veas con un saldo bancario de seis cifras, pero olvides verte en una relación feliz. O, al contrario, es posible que te veas enamorándote locamente, pero olvides dedicar algo de tu mente a tus finanzas. Necesitas contemplar todo. Para ayudarte a detectar cualquier brecha en tu visión, Jon y yo creamos una evaluación simple de veinte minutos que puedes tomar ahora mismo. Después de responder a todas las preguntas, tendrás un informe que te hará saber qué áreas de tu vida están cubiertas (y cuáles estás descuidando) en las 12 categorías que te compartí con anterioridad. Puedes realizar la evaluación en cualquier momento en life.mindvalley.com. Es gratis.

Entonces, para aclarar tu visión de vida para la fase 4, toma en cuenta lo siguiente:

1. Realiza la evaluación en life.mindvalley.com.
2. Tómate un tiempo y escribe tu manifiesto de vida.
3. Usa lo que has escrito en tu manifiesto para guiar tu visualización diaria en la fase 4.

Así es como se desarrollará la fase 4 en la meditación en 6 fases.

Protocolo imagina tu futuro

Paso 1. Elige tus metas para el futuro

Voy a suponer que a estas alturas ya has escrito en tu manifiesto los objetivos que quieres lograr (o al menos has pensado en ellos). Estos objetivos podrían incluir:

- Viajar por el mundo
- Encontrar el amor de tu vida
- Comprar la casa de tus sueños
- Dominar un idioma extranjero
- Construir tu propio negocio
- Lograr la independencia financiera
- Tener hijos/adoptar
- Practicar paracaidismo/senderismo/en carreras para la caridad
- Curarte de una enfermedad
- Convertirte en maestro, entrenador o mentor

Debes elegir los objetivos que deseas alcanzar dentro de tres años, ¿recuerdas? Sé audaz y que no te dé pena lo que quieres, al igual que Jon y Missy.

Paso 2. Abre tu pantalla mental

Cuando comiences a meditar en la fase 4, imaginarás una pantalla de televisión gigante en la cual estás viendo los eventos desarrollarse como si se tratara de una película. Te imaginarás que la pantalla está a dos metros de ti, a quince grados por encima de la línea del horizonte. Esto es lo que la investigación de José Silva descubrió que proporciona los mejores resultados.

Sé que es bastante específico, pero hay una buena razón por la que usamos esta técnica. Verás, se ha demostrado que, si estás mirando más allá de tus párpados con tus pupilas apuntando ligeramente hacia arriba, tu cerebro comienza a producir ondas alfa y los estados alterados de conciencia son justo a lo que queremos acceder para maximizar los efectos de la visualización creativa.

Así que apaga tus dispositivos electrónicos. Mantén la mirada al frente y hacia arriba. La película está a punto de comenzar (y será la mejor película que hayas visto).

Vas a ver esas palmeras soplando en la brisa, así como esas gotas de agua en el exterior de tu vaso de piña colada en las playas de Hawái.

Vas a ver que ese lindo cachorro que siempre has querido lame tu nariz como si estuvieras viendo una versión más linda de *Marley y yo*.

Tú entiendes. Lo que sea que elijas ver, a pesar de que es un objetivo para los próximos tres años, te hará todas las emociones que experimentarías si esta película fuera real y estuviera sucediendo ahora. Esto nos lleva al paso 3.

Paso 3. Siéntelo todo con tus cinco sentidos

Cuantos más sentidos uses, mejor. Este es el momento de perderse en la visualización creativa. Ve, oye, prueba, huele y siente cómo tus sueños se desarrollan a la perfección.

Cuando usas todos tus sentidos en la visualización creativa, creas sentimientos; creas emociones de alegría, gratitud, emoción, paz, comodidad y entusiasmo. Según José Silva, si capturas las emociones, estás en buen camino. Cuando experimentas las emociones que atravesarías una vez que estos sueños se hagan realidad, estás preparando tanto a tu cerebro como al universo para que te den lo que quieres. Si quieres obtener puntos de manifestación adicionales, no olvides explorar cómo alcanzar tus objetivos impactará de manera positiva a los demás.

Esto es soñar despierto en su mayor expresión (y la más agradable), así que respira profundo y disfruta el placer de experimentar tus metas manifestándose de antemano.

Es tu turno de patear traseros con los poderosos efectos de la visualización creativa.

La verdad, puedo darle crédito a la visualización creativa por todos mis grandes logros en la vida. Me trajo exactamente hasta donde estoy ahora. Visualicé mi mudanza a los Estados Unidos para seguir mis sueños, y a mi compañía Mindvalley alcanzando cien millones en ingresos. Visualicé a mis dos hermosos hijos, a quienes adoro, en mi mente antes de que nacieran.

Esto funciona. Así que echa a volar tu imaginación… No subestimes lo que eres capaz de lograr. Al diablo con lo realista.

La mayoría de las personas son realistas y eso es comprensible. *Realista* suena a real y todo el mundo quiere «ser una persona que ve lo real». Es lo *cool*. No tengo ninguna duda de que quienes se consideran realistas piensan que esa es la forma más inteligente de llevar sus vidas.

Sin embargo, es una trampa gigante de autosabotaje, porque al ser «realistas», las personas evalúan sus realidades tal y como son en este momento y basan su futuro en ello. Es la mentalidad de «ha sucedido antes, así que volverá a suceder», que es en extremo limitante. Hubo un tiempo, no hace mucho, en el que las mujeres no tenían derecho a votar. ¿Crees por un segundo que las sufragistas habrían llegado a alguna parte si no fuera por su *falta* de realismo? Para que ocurra un progreso de cualquier tipo, lo que necesitamos son visionarios, no realistas. Así que te animo a soñar tan grande como te atrevas. Richard Branson dijo una vez:

> *Si tus sueños no te asustan, son demasiado pequeños.*

Antes de pasar al siguiente capítulo, abre tu aplicación Mindvalley e inicia el programa de meditación en 6 fases. De ahí, puedes pasar a la lección interactiva completa para la fase 4, «Una visión para tu futuro». La lección dura solo unos minutos y retomará algunos de los puntos más importantes de este capítulo. Al finalizar, puedes reproducir directamente el audio de meditación donde te guiaré a través del protocolo de visualización. Tomará menos de cinco minutos, pero te ayudará a fijar la cuarta fase de tu práctica.

Fase 5
Domina tu día

*Carpe diem quam minimum
credula postero.*

Horacio

Traducida del latín como «aprovecha el día» la breve y ágil exclamación *carpe diem*, una frase de la que sin duda se ha abusado, tiene un origen bastante intrigante. La historia afirma que fue Quinto Horacio Flaco (qué nombre, ¿verdad?) el primero en pronunciarla en el año 23 a. C. Él es conocido en el mundo bajo la versión simplificada de su nombre, Horacio, lo cual me parece muy divertido.

Sin embargo, esta idea de vivir para el hoy y hacer un esfuerzo por exprimirle a la vida tanto jugo como sea posible es mucho más antigua que Horacio. El sentimiento ha corrido a través de las líneas de la literatura griega antigua, la poesía, las conferencias filosóficas y la oratoria durante milenios.

Ya sea que hayas estudiado historia o no, sin duda tus seres queridos, maestros, empleados y párroco te han dicho de una forma u otra que trates este día como si fuera el último. De alguna manera, se te ha instruido para que hagas lo que Horacio enseñó a sus compatriotas hace miles de años mientras lucía su elegante toga y sandalias romanas.

Tu futuro, hoy

Entonces, ¿por qué tantos de nosotros descuidamos y negamos la magia del hoy?

Al arrastrarse fuera de la cama por la mañana sin ningún objetivo o plan de acción, mucha gente no se da cuenta de que hoy *es* el futuro. Es tan importante establecer una intención para el día de hoy como fijar tus metas a largo plazo. Es igual de importante planificar para el presente que soñar con tu vida dentro de tres años, tal y como lo hicimos en la fase 4, «Una visión para tu futuro». Gracias a las acciones que tomes hoy tus sueños se manifestarán. Al igual que en la fase 4, vas a abrir esa pantalla gigante de TV y verás tu increíble futuro frente a ti, solo que esta vez no es el futuro dentro de tres años, es todo lo que sucederá en las próximas 24 horas.

Otra diferencia con respecto a la fase anterior: dividirás tu día en secciones significativas para ti. Notarás que las próximas 24 horas tienen varios segmentos, como una jugosa naranja del futuro.

El poder de la «intención segmentada»

La filósofa Esther Hicks explica mejor el concepto conocido como «intención segmentada», y la fase 5 se basa en este protocolo.

Si no estás familiarizado con el trabajo de Esther, debes saber que no es una mujer común. Su habilidad para canalizar la Fuente, también conocida como «Abraham», le ha permitido descargar ideas profundas y divinas a las que muchos de nosotros no tenemos el placer (todavía) de acceder. Fue, de hecho, su trabajo el que inspiró el documental del 2006 *El secreto*, que vendió quinientas mil copias, convirtiéndose en el DVD que más se ha consumido en la historia.

Una de las ideas divinas que Esther canalizó fue la idea de que puedes, y *debes*, imaginar y visualizar tu próximo día como una serie de «segmentos» significativos para ti. Así es como un día típico podría fluir en segmentos:

07:00-08:30	Despertar, meditar, preparar el desayuno y prepararse para el trabajo
08:30-09:00	Traslado al trabajo
09:00-13:00	Reuniones de trabajo
13:00-14:00	Pausa para almorzar con colegas
14:00-17:00	Trabajo
17:00-17:30	Regreso a casa
17:30-19:00	Preparar la cena y cenar
19:00-21:00	Relajarse y mirar Netflix con tu pareja
21:00-22:00	Disfrutar de sexo increíble con tu pareja
22:00-07:00	Dormir

Y puedes completar tus segmentos con una afirmación positiva después de recorrerlos con todos sus sentidos:

«Mi mañana estará llena de energía y alegría».

«Mi jornada laboral será muy productiva, sociable y divertida».

«Mi almuerzo será delicioso, con un hermoso telón de fondo de música y risas».

«Mi viaje a casa será agradable y libre de tráfico».

«Encontraré algo increíble y conmovedor para ver en Netflix».

«El sexo con mi pareja será apasionado y lleno de oxitocina».

Estoy seguro de que entiendes la idea.

Aunque nuestros segmentos variarán (tal vez no estés trabajando, sino estudiando, viajando o tomándote un tiempo en este momento), no importa qué, el ejercicio de intención segmentada sigue siendo el mismo; verás todos y cada uno de los segmentos desplegándose.

Desde el punto de vista de Esther, recorrer nuestros días sin un rumbo no es una forma óptima de vivir 24 horas de pura posibilidad. Lo que queremos es convertirnos en «personas bien disciplinadas». En sus palabras, «las personas bien disciplinadas deciden cómo quieren que se desarrolle su día».

Y la mejor manera de comunicar (a lo divino) cómo quieres que se desarrolle tu día es a través de la intención segmentada.

Para los escépticos y los optimistas

Si eres nuevo en todo esto y eres un poco escéptico, Esther aconseja que comiences diciendo: «¿No sería bueno si...?» seguido de tu intención. De esa manera, todavía estás participando en el proceso de manifestación del segmento mientras honras tu saludable duda. Por ejemplo, «¿No sería bueno si mi jefe me felicitara en nuestra reunión de hoy?»

Por otro lado, si ya eres un gran creyente en el poder de tu propia mente, formula una orden. Por ejemplo: «Hoy, mi canción favorita, «Bohemian Rhapsody», sonará en la radio cuando esté conduciendo al trabajo». Solo juega el juego y ve qué pasa.

Yo digo: «si tienes la confianza, úsala». Tu fe inquebrantable es un catalizador muy potente cuando se trata de la manifestación diaria, como dijo Jim Carrey: «La esperanza es un mendigo. La esperanza camina a través del fuego. La fe salta sobre él». Así que vamos, chicos. Seamos como Jim.

La ciencia detrás de por qué funciona todo esto

Por supuesto, todo esto nos lleva a la pregunta ¿de verdad va a funcionar este ajuste de intención diaria que forma parte de la meditación en 6 fases y requiere solo dos minutos del día? En resumen, la respuesta es un rotundo e inquebrantable sí. Sí, esto *funciona*, y lo hace gracias a uno de los trucos de magia menos conocidos de tu cerebro: el sistema de activación reticular, al cual de ahora en adelante llamaré SAR.

En pocas palabras, tu SAR es un baúl lleno de nervios que se localiza en tu tronco encefálico y filtra cualquier información inútil de su entorno.[31] Y gracias a Dios que lo hace, porque ahora más que nunca estamos rodeados por los estímulos incesantes, brillantes y llamativos del siglo XXI. Es gracias a tu SAR que tu atención puede darles prioridad a todas las cosas importantes en el momento adecuado, ya sea la voz de tu ser querido en una multitud, tus responsabilidades laborales, posibles riesgos que podrían conducir a un incendio y otras amenazas.

Se podría decir, entonces, que el SAR toma lo que quieras enfocar y crea un filtro específico para ello, luego examina todos los datos entrantes durante el día y presenta solo las piezas de información que son importantes para ti. Esto no requiere ningún esfuerzo de tu parte, ya que todo es automático. Increíble, ¿verdad?

Cuando, en la Biblia, san Mateo dice: «Busca y encontrarás», no estaba mintiendo. Aquello en lo que te concentres todos los días llegará a ti, y gracias a tu SAR, tu cerebro no se detendrá ante nada para encontrarlo.

En la mayoría de los artículos de psicología que hablan sobre el SAR, el ejemplo que tienden a dar es el de los Volkswagen blancos. Si tienes un Volkswagen blanco y lo conduces por la carretera, es mucho más probable que notes otros Volkswagen blancos en tu camino; eso es porque tu cerebro es consciente de que estás

---

[31] Bokhari, Dean, «The Power of Focusing on What You Want (How Your Brain's Reticular Activating System Functions in Your Favor)», meaningfulhq.com/reticular-activating-system-función.html. Consultado el 14 de febrero de 2022.

manejando uno. La misma teoría aplica cuando haces una declaración sobre tu día.

Si decides que tendrás un almuerzo increíble lleno de buena comida, aún mejor compañía y un ambiente hermoso, le estás ordenando a tu cerebro que note estas cosas, de antemano. Si vas a un restaurante y el mesero se equivoca con tu pedido, digamos que se atreve a servirte pan con gluten, es más probable que ignores estas imperfecciones. Tu cerebro estará demasiado ocupado notando el increíble sabor de tu combo de guacamole y queso, las bonitas velas y la conversación chispeante. Cuando termine ese almuerzo, a pesar de que te hayan servido la comida equivocada, es mucho más probable que lo percibas como un éxito, porque eso es para lo que programaste a tu cerebro. Punto.

¿Significa que estás delirando un poco? Sí. Pero también te hace una persona más feliz y te pone de mejor humor en el día a día. Estoy cien por ciento a favor de ese tipo de comportamiento delirante. Prefiero que me engañen y ser feliz a estar malhumorado, ser negativo y quejarme por las pequeñas cosas que molestan a las personas pesimistas todos los días.

El punto de vista espiritual

Ahora que has disfrutado de la ciencia sin adulterar, aquí está el punto de vista espiritual.

Cuando establecemos una intención de cómo queremos que algo se desarrolle, muchos maestros espirituales creen que es más probable que se manifieste de manera orgánica. Se llama creación deliberada y funciona de acuerdo con la ley de la atracción que mencionamos brevemente en el capítulo anterior. Esta teoría tiene menos ciencia que la respalda, pero quienes la defienden dicen que cuando tomamos una decisión, se convierte en una elección cósmica que nos mueve directamente hacia ese futuro potencial.

Esther lleva esta idea más allá y la hace aún más hermosa, afirmando que cuando nos conectamos con la magia de la manifestación, nos convertimos en dioses creativos que disfrutan de la experiencia de ser humanos.

Los puntos adicionales de la fase 5 para sentirse bien

Cuando decides tener un gran día, tiene un efecto dominó. Los buenos días terminan convirtiéndose en grandes semanas; las grandes semanas evolucionan en grandes meses; los grandes meses, en grandes años; y los grandes años evolucionan hacia una vida épica.

Todo comienza con una decisión firme en los dos minutos de la meditación en 6 fases sobre cómo vas a aprovechar la jornada. Además de prepararte para un día increíble (y una vida llena de optimismo y alegría), la fase 5 también es muy placentera en tiempo real.

Al igual que la fase 4, «Una visión para tu futuro», la fase 5 es otra excelente oportunidad. Recuerda la mejor parte: tu cerebro no tiene idea de que estas cosas increíbles están pasando *mientras* meditas. Cuando imagines un día feliz y fluido, sentirás todas las emociones positivas que tendrías como si estuvieran sucediendo de verdad. Tu cuerpo emocional y físico reaccionarán a nivel bioquímico. Aunque todo está en tu cabeza (por ahora), la dopamina, la serotonina, la oxitocina y las endorfinas son reales. Cuando seas Nina Simone *feeling good* (sintiéndote bien) mientras avances en tu día, otras personas también se beneficiarán porque cada individuo con el que entres en contacto compartirá tus vibraciones positivas. La felicidad es contagiosa y ese es un contagio que la humanidad necesita en este momento. He aquí el protocolo.

Protocolo domina tu día

Paso 1. Abre tu pantalla mental

Imagina esa enorme pantalla de televisión donde puedes ver cómo se desarrolla tu día justo frente a ti. ¿Recuerdas lo que te dije sobre los segmentos? Comenzarás desde el principio y procederás en orden cronológico. Si no sabes por dónde empezar, vale la pena recordar en qué elegiste enfocarte para tu objetivo de tres años en la fase 4 y así integrar un pequeño paso hacia ello en tu rutina.

Digamos que en la fase 4 imaginaste que te convertías en un autor de renombre mundial. En esta fase, es posible que durante uno de tus segmentos te veas pasando una hora de tu próximo día en tu café favorito, trabajando en ideas para tus libros. Si imaginaste un cuerpo sano y en forma, visualízate adoptando medidas para llegar a esa meta en algún momento de tu día. Tal vez te veas haciendo un jugo verde o dando un largo paseo en tu hora del almuerzo; lo que encaje.

Si no estás practicando a primera hora de la mañana (que es lo recomendable), no te preocupes; solo imagina lo que sucederá cuando termines tu meditación y abras los ojos.

Paso 2. Ve y siente que todo tu día va increíble

Ahora verás la película cronológica de tu día desde la mañana hasta la noche. Al igual que en la fase anterior, verás, escucharás, saborearás, olerás y sentirás que tu día próximo se desarrolla a la perfección. Al comienzo de cada segmento, no olvides establecer una intención verbal, desde «Mi desayuno será nutritivo y me llenará de energía» hasta: «Mi sueño será profundo y reparador».

Este es tu momento de soñar con lo que quieres para tu día. No tengas miedo de ser optimista, incluso si sientes que tener un gran día es una hazaña imposible debido a los desafíos que pueden esperarte. Sé valiente y ten fe en que lo más elevado y lo mejor se manifestará y que serás esa presencia sanadora en cualquier habitación en la que entres. Cuando menos, ten fe en la ciencia y en el sistema de activación reticular de tu cerebro. Esto es algo muy valioso y no es para nada una pérdida de tiempo.

Ahí lo tienes. Has completado la fase 5. Me encanta esta fase porque te lleva de la meditación a la acción, después de todo, la meditación en 6 fases no pretende ser una de esas meditaciones en las que te sientes ligero y listo para una siesta cuando sales. Está destinada a ser una meditación que te relaja, pero te prepara para conquistar el mundo. Hay una gran diferencia.

¿Quién pensaría que simplemente puedes *decidir* tener un día maravilloso?, ¿no te gustaría que nos hubieran enseñado estas cosas en la escuela? Cuando descubrí que podía elegir el curso de mis días, así como (la mayoría de) los eventos futuros, me convertí en un hombre mucho, mucho más feliz. Me empoderó.

Claro, nadie le pidió a esa paloma que hiciera caca en tu parabrisas, pero lo que la gente *puede* decidir es dónde enfocar la atención. Lo que pueden elegir es entrenar su optimismo, positividad y estado mental para el día siguiente. ¿Te imaginas lo que pasaría si todos se despertaran por la mañana con la intención de tener un hermoso día?, ¿de hacerse felices a sí mismos y a los demás?, ¿comer bien, ser conscientes y disfrutar de lo aparentemente mundano?, ¿invertir, aunque sea solo un poco, en sus objetivos a largo plazo con un pequeño paso cada día? Como dijo la madre Teresa:

El ayer se ha ido. El mañana aún no ha llegado. Solo tenemos hoy. Comencemos.

Entonces, ¿qué estás esperando? ¡Adelante y *carpe diem*!

Antes de pasar al siguiente capítulo, abre tu aplicación Mindvalley e inicia el programa de meditación en 6 fases. De ahí, puedes saltar a la lección interactiva completa para la fase 5, «Domina tu día». La lección dura solo unos minutos y retomará algunos de los puntos más importantes de este capítulo. Al finalizar, puedes reproducir directamente el audio de meditación donde te guiaré a través del protocolo del día perfecto. Tomará menos de cinco minutos, pero ayudará a fijar la quinta fase de tu práctica.

Fase 6
La bendición

*Puedes buscar en todo el universo
y no encontrarás un solo ser
más digno de amor que tú.*

Buda Gautama

Cuando diseñé la meditación en 6 fases, quería crear algo arraigado en la ciencia. Ahora, más que nunca, lo que la humanidad necesita es la brújula de la ciencia para ayudarnos a distinguir el aceite de serpiente de la medicina real. Dicho esto, la ciencia no puede explicarlo *todo*, ¿verdad? Has llegado a la única parte de la meditación en 6 fases que será un poco limitada en términos de evidencia sólida. Aun así, quiero que participes en este breve ejercicio de recibir una bendición de un poder superior para conmemorar tu práctica de meditación.

Da la casualidad de que los mismos temas que la ciencia no puede (todavía) explicar también son cruciales para llenar nuestras vidas de significado, y aunque no hay investigaciones concluyentes que demuestren que existe un poder superior o una presencia amorosa que nos cuida, el 84 % de la humanidad cree que así sucede.[32] Eso es porque, a veces, en contra de toda lógica, de alguna manera lo *sentimos*, lo *percibimos* y lo *intuimos*.

Yo, por mi parte, creo de corazón que estoy conectado a una energía superior. Eso no quiere decir que sea religioso. No creo en absoluto en la idea de un viejo barbudo que juzga cada uno de mis movimientos desde el cielo. Mi práctica espiritual personal es una mezcla de muchas de las religiones del mundo más algunas comodidades modernas. No creo en tener una sola religión; esa idea me parece antinatural cuando hay tanta belleza y sabiduría en todas ellas. Dicho esto, ninguno de los rituales, filosofías y prácticas con los que me identifico definen mi espiritualidad. Aunque creo en una energía superior, mi palabra para *Eso* es bastante intercambiable. Dios, Diosa, el Universo, el Gran Espíritu, mi Espíritu, Pachamama, señor Shiva, el arcángel Miguel, el campo morfogenético, el ser superior, Gaia, mi ser superior; lo que sea, da igual. Porque en mi opinión, todos estamos hablando de lo mismo. Creo que esa «cosa», esa energía, es algo a lo que estamos conectados en todo momento. Creo que es algo que nos apoya, nos nutre y nos respalda.

---

[32] «The Global Religious Landscape», Pew Research Center, Religion & Public Life Project, 18 de diciembre de 2012, pewfor um.org/2012/12/18/global-religious-landscape-ejecutivo/.

Como dije, aunque no hay pruebas contundentes, hay innumerables personas que afirman haber experimentado la presencia de Dios.[33] Algunos hablan de ángeles, guías y sentimientos de *samadhi*, en particular aquellos que han tenido experiencias cercanas a la muerte. ¿Descartamos las historias de estas personas porque aún no hemos podido replicarlas en un laboratorio?

Michael Beckwith sobre el poder de pedir la intervención divina

En noviembre de 2017, escuché una historia del reverendo Michael Beckwith que me inspiró a pensar sobre la vida y el concepto de «Dios» de una manera nueva. Michael estaba en el escenario en A-Fest, en medio de otro de sus increíbles discursos cuando sucedió, pero para ser honesto, yo no estaba prestando atención.

A-Fest era mi festival, y estaba detrás del escenario coordinando con los ingenieros de sonido y asegurándome de que todo en el auditorio funcionara como un reloj. Pero hubo un momento en el que mientras hablaba con el equipo de organización, de repente me sentí *muy* obligado a prestar atención a lo que Michael estaba diciendo, y me detuve a mitad de la oración. En ese momento particular de su charla, le estaba contando a la audiencia sobre una vez en la que casi se había ahogado frente en una playa de Costa Rica.

Michael estaba nadando con su hija cuando fue arrastrado lejos de la orilla por una violenta e inesperada contracorriente. Siendo un hombre mayor, sabía que no contaba con la fuerza que tenía en su juventud y pronto se dio cuenta de que no iba a regresar a tierra firme. «Solo sigue nadando. No prestes atención a tu cuerpo. Solo sigue nadando», se repetía a sí mismo una y otra vez, tratando de

---

[33] Universidad de Southhampton, «Results of World's Largest Near Death Experiences Study Published», Universidad de Southampton, 7 de octubre de 2014, southampton.ac.uk/news/2014/10/07-worlds-largest-near-death-experiences-study.page. Consultado el 14 de febrero de 2022.

calmarse, mientras las colosales olas volvían a sumergirlo y tragaba inmensas cantidades de agua salada. Fue entonces cuando pronunció la siguiente palabra:

Ayúdame.

Michael afirma que esta palabra no salió de su boca de manera consciente. Además, no había nadie que pudiera llegar físicamente a ayudarlo. La única persona a kilómetros era su hija, que ahora estaba lejos y a salvo en la orilla.

Después de lo que parecieron horas de caos submarino, hubo una calma silenciosa. De este silencio divino, surgió una pequeña ola detrás de Michael, la cual lo impulsó hacia delante. Luego llegó otra ola, un poco más grande esta vez. Después, una tercera ola le dio otro empujón, hasta que, por fin, exhausto y herido, logró abrirse paso hacia la arena y hacia los brazos de su hija.

Gracias, Dios. Gracias a cualquier nombre por el que quieras que te llamen.

Unos días más tarde, Michael le contaba a una amiga suya, que además es médium, sobre su experiencia en Costa Rica. Antes de que pudiera llegar a la parte donde fue arrastrado por la marea, su amiga preguntó, con el brillo del conocimiento en sus ojos:

—¿Puedo mirar?

Después de que Michael lo permitiera, la médium vio la escena en su mente.

—¡Guau! Pediste ayuda en voz alta, ¿verdad? —Michael asintió y ella continuó—: Cuando pediste ayuda, un arcángel bajó y agitó el agua… ¿tres veces para que salieras?

—Eso es justo lo que sucedió —susurró.

Tres olas lo habían empujado a la orilla.

Michael compartió con nosotros que la experiencia le había enseñado una lección muy poderosa: la humildad de pedir ayuda. Y no se puede recibir ninguna ayuda desde el reino ancestral, chamánico, divino, angélico (como quiera que lo llamen) en esta dimensión física, a menos que se pida con claridad.

Si bien es importante programar tu mente para el éxito, tal y como lo has hecho en las cinco fases anteriores de este libro, también es vital estar abierto a recibir ayuda para asegurarte de que ese éxito se haga realidad. Michael descubrió que siempre hay fuerzas a nuestro alrededor listas para ayudarnos; solo tenemos que pedirlo. En sus palabras, el CD (tu *cociente de disponibilidad* para ese poder superior) siempre triunfa sobre el CI (tu coeficiente intelectual, o la capacidad de la mente para manifestarse como una fuerza independiente). Así que de eso se trata esta sección final de la meditación en 6 fases.

Ampliar el cociente de disponibilidad

Aunque esta fase se llama «La bendición», no significa que estés en una conversión forzada. Nadie va a arrojar agua bendita sobre la frente en contra de tu voluntad. No obstante, la bendición tiene su lugar en este proceso. Como la mayoría de la gente cree en un poder superior, creí pertinente honrarlo y convertirlo en una parte integral de la meditación en 6 fases. Solo toma unos segundos. Imaginarás una hermosa luz que desciende del cielo y que representa tu poder superior. Permitirás que cubra tu cuerpo antes de recibir la bendición (en otras palabras, la ayuda que necesitas).

Además de honrar las creencias espirituales del meditador, incluí la bendición para establecer un cierre tangible a toda la práctica y prepararlo para que durante el día se sienta completo y respaldado en sus intenciones.

Fue uno de mis mentores que más respeto, Srikumar Rao, quien inspiró la decisión final de incluir esto. Srikumar Rao es un profesor de negocios aclamado internacionalmente, un orador de TED, autor de *bestsellers* y fundador del Instituto Rao. Lo conocen con el apodo de Buda de los negocios. Srikumar ha enseñado en la London Business School; la Kellogg School of Management de la Northwestern University y la Haas School of Business de la Universidad de California, Berkeley. Tiene una manera de combinar la sabiduría espiritual con el espíritu empresarial que nunca antes había visto.

Srikumar ha enseñado a cientos de estudiantes de MBA a refinar sus filosofías personales y «modelos mentales» para alcanzar el éxito; pero, además, es una autoridad importante en lo que se refiere a vivir una existencia satisfactoria.

Mientras estaba desarrollando la meditación en 6 fases, escuché una conferencia que Srikumar estaba dando sobre la psicología del éxito y la felicidad, en la que predicó acerca de cómo tus modelos mentales, es decir, lo que crees que es verdad sobre el mundo, influye directamente en tus experiencias sobre él, ya sean positivas o negativas.

Al final de la conferencia, se le pidió repetidas veces que definiera qué modelo mental era el mejor. Esto es lo que dijo:

> *La creencia más importante que puedes poseer es la creencia de que el universo te ama. Si crees que el universo siempre está trabajando a tu favor, tendrás una hermosa experiencia en esta vida.*

La palabra *universo*, por cierto, puede ser reemplazada con la palabra que consideres más apropiada.

Después de escuchar a Srikumar decir que este era el modelo mental definitivo de los miles de millones de creencias singulares que uno puede elegir, supe que tenía que cerrar esta secuencia especial con la bendición.

Opino que, después de meditar en la fase 6 y salir a tu día creyendo que no estás solo, creyendo que eres amado y apoyado, experimentarás un momento increíble. No solo eso. De manera creciente, te espera una vida maravillosa de asombro y positividad.

La bendición: nadie se queda atrás

Ahora, si me lo permites, me gustaría dirigirme a aquellos que eligen no creer en Dios (o cualquier otra palabra que puedas usar para describir un poder superior). Primero, déjame decir que amo a los ateos. Son algunas de las personas más interesantes que he conocido, con algunas de las mentes más agudas que existen. Ser ateo no te exime, pero en lo absoluto, de la fase 6. De hecho, tampoco creo en un «Dios» individual, soy, más bien, un panteísta, adoro a todo el universo; algo que Richard Dawkins, autor de *El espejismo de Dios*, describe como *ateísmo atractivo*.[34]

Ateos o religiosos, todos pueden cosechar los mismos sentimientos de calma, serenidad y apoyo que brinda la fase 6, porque incluso si eres un ateo ferviente, aún puedes conectarte con cualquier poder que creas que se encuentra dentro de ti. Tu poder interior. Tu resiliencia. Tus reservas internas de fuerza. Tu profundo sentido del conocimiento y la sabiduría. Tu corazón. Tu mente brillante.

A algunas personas les gusta imaginar que sus versiones mayores y más sabias los bendicen y los apoyan. Anímate y viaja en el tiempo veinte años al futuro e inspírate en ellas. Elijas lo que elijas, permitirás que la mejor versión de ti concluya tu práctica.

Es tu turno de recibir apoyo

Esta parte de la meditación en 6 fases, como dije, es la más corta y fácil, pero también puede ser la más relajante y placentera. Proporciona un contraste refrescante con respecto a las cinco fases anteriores.

Si lo piensas, hasta ahora has estado bastante ocupado *dando*. Te has estado enfocando en otras personas, enviando tu energía hacia afuera. Has meditado en la compasión y la gratitud. Has perdonado al imbécil que te lastimó. Vertiste tu atención en lo que quieres manifestar dentro de tres años y en cómo quieres que se desarrolle tu día. La fase 6 es un agradable momento para ser pasivo, permitiendo que alguien o algo más te envuelva en amor y atención. ¿Y quién mejor para hacerlo que... el universo? Te conectarás con esta abundante energía no solo para bendecir tu práctica, integrando las cinco fases anteriores, sino también para que te sientas apoyado mientras das tu primer paso hacia un nuevo día.

---

[34] Harrison, Paul, «Adding Emotion to Atheism», *New Statesman*, 9 de junio de 2021, newstatesman.com/politics/2008/06/universe-atheism-pantheist-god.

Ser humano es bastante difícil. Fuera de los cómodos límites de las paredes de nuestra habitación, donde comenzamos el día, nos esperan desafíos potenciales, obstáculos y situaciones que nos ponen nerviosos. No importa cuáles sean tus creencias espirituales, siento que todos podemos estar de acuerdo en que necesitamos apoyo para navegar a través de lo bueno, lo malo y lo feo.

Para prosperar, desbloquear nuestro genio interior, alcanzar nuestras metas y saltar a lo desconocido, necesitamos toda esa energía. La buena noticia es que tu poder superior, o yo superior, tiene montones. Es infinito. Las bendiciones nunca se agotarán. Solo tienes que estar abierto a recibirlas.

Protocolo de bendición

Paso 1. Llama a tu poder superior

Respira hondo y tómate un segundo para conectarte con tu poder superior, sea el que sea.

En esta parte, trata de sentir la presencia de tu dios, diosa, fuerza espiritual o tu yo más elevado en lugar de pensar y echar mano de un proceso cognitivo. Estamos activando lo que Michael Beckwith describió como tu CD en lugar de tu coeficiente intelectual. Una vez que hayas creado una conexión, es hora de invitar a una bendición.

Paso 2. Siente tu poder superior como un rayo de luz amorosa

Ahora imagina esa bendición de tu poder superior como una hermosa luz dorada o blanca que emite su brillo desde arriba. Siente la luz. Siente el brillo y la calidez reconfortante, sé consciente de que está llena de poder y energía infinitos. Sé consciente de que, dentro de esta bendición, está la señal oficial del universo para ir a tu día y *carpe diem*. Está diciendo: «Sí, todas esas intenciones están muy bien. Aquí está la energía que vas a necesitar para que suceda». Es la confirmación de que no estás solo. Así que déjala entrar (si eres ateo, esta es la parte en la que invocas a tu poder interior o una versión más antigua y sabia de ti mismo. Imagina que puedes sentir su presencia como esta luz).

Paso 3. Permite que la luz fluya a través de ti

A partir de ahí, imagina esta luz viajando a través de tu cabeza y bajando por tu columna vertebral. Luego imagina que la luz se expande desde tu cuerpo para formar una burbuja a tu alrededor. Imagínate envuelto en un escudo de esta luz amorosa e infinitamente potente de tu poder superior, sabiendo que va a estar contigo por el resto de tu día para protegerte de la negatividad, apoyarte y llenarte de todas las cualidades que necesitas para florecer. Esta es tu bendición.

Paso 4. Agradece a tu poder superior

Sé consciente de que todas tus visiones e intenciones están respaldadas por Dios o la versión más fregona de ti mismo. Tómate un segundo para disfrutar de esa sensación y agradece tu poder (superior). Puedes cerrar el protocolo con un mantra u oración de tu religión, manos en posición de plegaria, reverencia, sonrisa traviesa, un «gracias» en voz baja, lo que elijas. Incluso puedes cerrar el protocolo como lo hago yo y presentar ante el universo un gesto de «¡dame esos cinco!». Una vez hecho esto, estás listo para salir suavemente de la meditación y continuar tu increíble día. Exprime esta experiencia al máximo y aprovecha esta bendición para que puedas salir y triunfar con confianza.

Paso 5. Cierra tu meditación

Ahora, saldrás de la meditación después de contar hasta cinco. Si estás usando la aplicación para escuchar la meditación audioguiada, contaré suavemente al estilo del método Silva. Aquí está el guion exacto que usaré:

> Contaré del uno al cinco. Cuando llegue hasta cinco, abrirás los ojos, estarás completamente despierto, sintiéndote bien y en perfecto estado de salud:

Uno.

Dos.

Tres.

Estás listo para abrir los ojos, sintiéndote bien y en perfecto estado de salud.

Cuatro.

Cinco.

Ojos abiertos. Totalmente despierto. Te sientes bien y en perfecto estado de salud. Te sientes mejor que antes.

Eso es todo. Ya está. Has hecho lo que necesitabas hacer para alcanzar la paz y la felicidad absolutas. Experimentaste la conexión con el mundo a través de la compasión. Disfrutaste de la sensación de plenitud a través de la gratitud. Limpiaste tu alma de cargas negativas a través del perdón. Estableciste una visión asombrosa para tu futuro, una que de verdad quieres. Pediste un día perfecto y coronaste tu proceso con una bendición de esa fuerza indescriptible que ha viajado contigo desde el día en el que naciste y que continuará a tu lado hasta el día en el que mueras.

La fase 6 toma solo unos segundos, pero vale su peso en oro: el tiempo que pasamos conectados a algo más grande que nosotros mismos es tiempo bien empleado.

Estamos tan acostumbrados a ser las estrellas de nuestro propio programa que olvidamos que no estamos solos. No importa en lo que creas, ya sea un Dios, una fuerza fregona, una versión más vieja y sabia de ti mismo, cuentas con apoyo. Para tener éxito, para desarrollar tu verdadero potencial, *necesitas* ese apoyo. Así que confía en un poder superior. Confía en ese lugar profundo dentro de ti que es infinitamente poderoso, más allá de toda medida. Confía en uno, el otro o ambos. No importa. Porque una de las verdades más antiguas que jamás aprenderemos es que *no hay diferencia entre los dos.*

Abre tu aplicación Mindvalley e inicia el programa de meditación en 6 fases. Desde ahí, puedes saltar a la lección interactiva completa para la fase 6, «La bendición». Dura solo unos minutos y retomará algunos de los puntos más importantes de este capítulo. Al finalizar, puedes reproducir directamente el audio de meditación donde te guiaré a través del protocolo de la bendición. Tomará menos de cinco minutos, pero ayudará a fijar la sexta fase de tu práctica.

Esta es la fase final de la meditación en 6 fases. Después de haber consolidado tu conocimiento, estás listo para comenzar a meditar con la secuencia entera. Encontrarás el audio completo de 6 fases en la aplicación Mindvalley (tanto en tu miniprograma de 6 fases como en la pestaña «meditación»).

Fase 7

De la práctica
al dominio:
unas últimas palabras

Hace unos años, invité a un hombre brillante a dar una charla en mi oficina. Se llamaba Tom Chi. Es posible que hayas oído hablar de él. Es el cofundador de Google X y creador del primer prototipo del dispositivo de realidad aumentada Google Glass. Este tipo es un genio en toda la extensión de la palabra y es reconocido por su capacidad para responder a las preguntas más difíciles de la humanidad de una manera que combina la ciencia de vanguardia y una filosofía profunda y espiritual. Desde la existencia de Dios hasta la evolución de los virus, Tom Chi y yo tuvimos muchas discusiones increíbles tanto en el podio como en el pódcast de Mindvalley. Respeto muchísimo su trabajo.

Ese día en particular, cuando Tom visitó la oficina de Mindvalley en Kuala Lumpur, decidió dar una charla sobre tecnología exponencial y sobre hacia dónde se dirigía el mundo. Mi equipo estaba fascinado y cuando la charla se extendió a una rápida sesión de preguntas y respuestas, un brillante empleado mío levantó la mano e hizo una pregunta. Esta pregunta, y su respuesta, inspiraron mis aspiraciones y metas personales en esta vida.

—Tom, ¿con qué crees que necesitamos estar obsesionados para ayudar a hacer de este mundo uno mejor? —Tom hizo una pausa de unos segundos. Luego respondió:

—Necesitamos crear un aumento exponencial en la conciencia humana.

Tom continuó explicando que las tecnologías exponenciales que están marcando el curso de nuestro futuro se están volviendo cada vez más poderosas y peligrosas. Hoy en día, cualquiera puede navegar por la internet profunda, comprarse algunos explosivos C-4, amarrarlos a un dron de $99, pilotearlo hasta un edificio; y luego, con solo presionar un botón, hacerlo explotar en pedazos destruyendo a todos en él. ¿Qué es lo único que le impide a alguien hacer eso? Su nivel de conciencia.

Si continuamos de esta manera, desarrollando más y más nuestra tecnología mientras nuestra conciencia permanece estancada, nos espera un futuro oscuro. En otras palabras, si no elevamos la conciencia humana, *estamos acabados*. «¡Completamente acabados!», Tom enfatizó. Por lo tanto, la misión más grande en la que nos podemos embarcar es aquella de elevar la conciencia humana, y para lograrlo necesitamos entender que la evolución nos presentó con dos versiones opuestas de la mente.

La mente primitiva vs. la mente superior

En su famoso artículo «The Great Battle of Fire and Light»,[35] (La gran batalla de fuego y luz) el mundialmente célebre bloguero (y uno de mis filósofos favoritos), Tim Urban explica que ser humano es una batalla constante entre lo que él describe como la «mente primitiva» y la «mente superior». Con demasiada frecuencia en el mundo de hoy, operamos desde la mente primitiva.

La mente primitiva es como nuestro *software* animal ancestral, que, contrario a lo que muchos eligen creer, sigue igual de presente que siempre. Es el programa de comer, procrear, repetir. Por otro lado, la mente superior es la conciencia avanzada donde toda la magia ética, sabia y espiritual sucede. Los chinos y muchos otros describirían la mente superior como el corazón y la mente primitiva como el ego, pero por el bien de este libro, seguiremos la definición de Tim.

La mente primitiva experimenta la vida diaria en modo de supervivencia, en carencia y en competencia; la mente superior vive la vida con presencia, gratitud y compasión. La mente primitiva cree que la lucha y el enfrentamiento son las claves para la supervivencia; la mente superior sabe que podemos aprovechar el poder del pensamiento positivo y la intención para manifestar los futuros que deseamos. La mente primitiva es protectora y amorosa solo con aquellos del mismo credo familiar; la mente superior advierte la ilusión de fronteras, raza, etnia y cultura y siente compasión hacia todos los seres humanos, sin importar cuán diferentes puedan parecer. La mente primitiva se ahoga en prejuicios nega-

---

[35] Urban, Tim, «The Great Battle of Fire and Light», *Wait But Why*, 26 de agosto, 2019, waitbutwhy.com/2019/08/fire-light .html.

tivos; la mente superior abraza todas las emociones y las integra de una manera saludable en nombre de la evolución personal. La mente primitiva es salvaje y no se puede entrenar; la mente superior es flexible, centrada y abierta. La mente primitiva se siente sola en el mundo; la mente superior ve la intrincada conexión entre toda la vida en la Tierra y entiende que todos somos parte de algo mucho más grande que nosotros mismos.

La mente superior y la meditación en 6 fases

Así que ya ves, la meditación en 6 fases fue diseñada específicamente para movernos hacia la mente superior. Aunque necesitamos algunos elementos de la mente primitiva para nuestra supervivencia (como nuestra capacidad de luchar o huir), irónicamente, este tipo de mentalidad que intenta con desesperación mantenernos vivos como individuos tiene el potencial de terminar destruyendo a la raza humana. Si queremos expandir nuestra conciencia para que coincida con el aterrador nivel de tecnología que hemos creado, necesitamos activar la mente superior. Rápido.

Así que, lector, esa era la motivación secreta detrás de la meditación en 6 fases. Resulta que todas las fases de esta meditación (compasión, gratitud, perdón, humanidad, establecer metas y espiritualidad) no solo tienen el potencial de salvar tu pellejo como individuo. Meditar como colectivo podría terminar salvándonos a *todos*.

Añadir nuestro «grano de arena» a la gran playa

Ahora que estás adentrándote en este nuevo conocimiento sobre el futuro de la humanidad, la tecnología y la conciencia superior inspiradora de paz mundial, es posible que te sientas más motivado para mantenerte en el buen camino con tu práctica de meditación. Sin embargo, mi intención no era abrumarte. En un nivel fundamental comienzas tu meditación por *ti mismo* y eso es suficiente. Es más que suficiente.

Mereces amor, paz y felicidad tanto como cualquier ser humano, y esta meditación te traerá eso. No tienes que ir a protestar violentamente en la calle contra la IA, sacar popotes de plástico de la boca de la gente y caminar descalzo por San Francisco en un intento por demostrar que te importa la tierra. Hay una hermosa frase de uso común en español que habla sobre el valor de los pequeños cambios y cómo terminan siendo enormes a largo plazo:

Hay que poner nuestro granito de arena.

Si todos contribuyen con un pequeño grano de arena, al final se obtienes una playa que vale la pena visitar.

Si cada individuo meditara por la mañana, experimentara un sentido de compasión y pertenencia, se sintiera agradecido y limpio de resentimiento, y reuniera tanto la fuerza como la inspiración para salir al mundo y contribuir, viviendo cada día como si fuera el último... ¿te imaginas qué lugar tan increíble sería este planeta? Pero antes de que eso suceda, vamos a necesitar algunos fuertes pioneros que perfeccionen sus mundos internos para que puedan crear un cambio en el mundo exterior. Y eso comienza contigo.

Tu viaje comienza

Ahora que sabes cuál es tu misión, si decides aceptarla, cerremos este libro y sigamos en nuestro camino de la meditación hacia la felicidad humana y la sustentabilidad planetaria.

La meditación en 6 fases es solo el comienzo de tu hermoso viaje de crecimiento personal. Una vez que profundices en ella, te verás obligado a comenzar a mejorar, optimizar y refinar cada aspecto de ti mismo. Así que te animo a practicar a diario. Muchas personas hacen las 6 fases durante cientos de días seguidos, y me quito el sombrero ante ellos. Eso es lo ideal; pero mira, si pierdes un día, no es gran cosa. Lo último que quiero hacer es poner otra casilla de verificación sin sentido en tu lista de tareas pendientes.

Haz esto por ti. Hazlo porque te hace sentir bien. Hazlo porque te apoyará mientras reflejas tu luz en el mundo. Esta meditación es, con mucho, lo más efectivo que hago todos los días de mi vida, y de verdad espero que se convierta en un salvavidas para ti, porque para mí eso es lo que ha sido. Este es mi regalo para ti. Como he dicho a lo largo del libro, la meditación en 6 fases es gratuita en todas las plataformas que utilizamos y siempre lo será. Además, quiero que te sientas cómodo y libre para usarla, jaquearla, cambiarla, modificarla, enseñársela a tus amigos, exprimirla en cinco minutos, prolongarla durante treinta; hacer lo que quieras, en fin. Solo hay una regla. Asegúrate de ponerte en contacto conmigo para contarme lo que hiciste.

La meditación en 6 fases siempre está evolucionando (ya ha cambiado mucho en los últimos ocho años) y siempre estoy buscando refinarla para poderla difundir entre tantas personas como sea posible. Si este enfoque mejora tu vida, por favor ayúdame a correr la voz compartiendo tu historia en stories.mindvalley.com.

Las últimas palabras: nunca te rindas

Antes de cerrar, quiero dejarte con un consejo. Sigue consejo: sigue adelante.

Aun cuando haya pasado un año y parezca que sigues estancando, aun cuando parezca que ya no «necesitas» las 6 fases, sigue meditando. Al igual que el ejercicio físico, siempre será bueno para ti. No dejas de caminar, bailar y levantar pesas cuando tienes el cuerpo que siempre quisiste, ¿verdad? Sigues entrenando para mantener ese cuerpo. Es lo mismo con tu mente.

John Davy, el brillante empresario detrás de Jongleurs, una cadena mundialmente famosa de clubes de comedia con sede en el Reino Unido, me dijo una vez que practicó la meditación en 6 fases durante cien días seguidos. Después de cien días, sobra decir que meditar comenzó a sentirse bastante natural. No experimentaba las dificultades que había atravesado en un inicio, así que decidió detenerse. Era un hombre ocupado, a fin de cuentas.

Solo que tiempo después sus colegas y amigos comenzaron, poco a poco, a acercarse a él con preocupación: «John, ¿estás bien?». «John, te está pasando algo». «John, ¿ya no estás tomando tus medicamentos?». En realidad, no estaba tomando ningún medicamento. No tenía idea de qué estaban hablando. Sus amigos le dijeron que habían notado que se había vuelto más inquieto y estaba regresando a los viejos patrones de ansiedad. Se dio cuenta de que su práctica de meditación era lo que le ayudaba a contrarrestar esos hábitos poco saludables, regular su energía y tener éxito como líder. Sobra decir que regresó a su práctica.

Así que sigue adelante mientras las cosas sean fáciles, pero *sobre todo* cuando sean difíciles. Desearía poder agitar una varita mágica y asegurarles que, porque compraron este libro, se convertirán, al instante, en la encarnación de buda del siglo XXI o en una versión más joven de Gandhi. Es decir, que te volverás tan iluminado que nada volverá a molestarte: nunca más te romperán el corazón; nunca sufrirás pérdidas, estrés o turbulencias; nunca experimentarás resistencia a la meditación; nunca temerás sentarte en una habitación tranquila con tus pensamientos cuando estés en tu peor momento. No puedo agitar esa varita mágica; tampoco sería justo, porque a veces, muchas veces, en realidad, es a través del dolor que extraemos nuestra sabiduría más profunda y el conocimiento interno. Siempre *creceremos* a través de lo que *pasamos* si estamos abiertos a ser más grandes que lo que nos sucede y a elevar nuestra conciencia.

No, no sé lo que te espera cuando cierres este libro, ni sé lo que me espera cuando termine de escribirlo; pero sí sé una cosa. Sé que pase lo que pase, tenemos un conjunto de habilidades que no solo nos permitirán sobrevivir a nuestros mayores reveses, sino que nos permitirán prosperar, alcanzar nuestras metas y avanzar como especie.

La meditación en 6 fases

Transcripción de la meditación

Esta sección final incluye mi guion de la meditación en 6 fases para que puedas practicarla en contextos educativos y para proporcionar accesibilidad adicional a los lectores que puedan ser sordos o tener problemas de audición.

Bienvenido a la meditación en 6 fases. Soy Vishen Lakhiani y voy a guiarte suavemente a través de las seis fases de este ejercicio. Comenzaremos con la fase 1, «El círculo de amor y compasión».

Quiero que pienses en alguien a quien de verdad amas. Puede ser un miembro de tu familia, un amigo, una pareja o incluso una mascota. Mira a esa alma frente a ti y, mientras lo haces, siente el amor con el que te llena. Siente ese amor en tu corazón. Dale un color a ese amor; tal vez un verde claro, rosa, blanco o azul. Respira hondo y, mientras exhalas, imagina esa luz de amor expandiéndose desde el área de tu corazón hasta llenar todo tu cuerpo.

Respira hondo otra vez, mientras lo haces, siente cómo la luz de ese amor sale de tu cuerpo para llenar la habitación donde te encuentras. A medida que la luz se expande para llenar ese espacio, imagina un sentimiento de amor que emana de ti hacia toda la vida en la habitación; a cada persona, a cada mascota, incluso a cada planta.

Respira hondo, mientras exhalas, imagina esa luz de amor llenando todo el edificio, tocando todo lo que representa la vida dentro de ahí.

Respira hondo, mientras exhalas, imagina ese amor emanando aún más para cubrir la ciudad en la que te encuentras. Puedes sentir la ciudad o verla como si la estuvieras mirando en un mapa. Vela cubierta por la luz de tu amor y compasión.

De nuevo, respira hondo y mientras exhalas, siente que esa luz de amor llena todo el país en el que te encuentras. Al igual que con tu ciudad, puedes ver el país como si lo estuvieras mirando en un mapa, o incluso puedes recordar la bandera de tu nación. Imagina tu amor y compasión emergiendo de tu corazón hacia cada ser humano, animal y planta en ese país.

Respira hondo otra vez, y mientras exhalas, permite que tu amor y compasión se expandan tanto como para envolver todo el planeta. Ve el mundo entero frente a ti con todos sus países, personas, animales y plantas cubiertos por la luz de tu amor. Incluso puedes repetir una bendición o un mantra para cada criatura viviente en la Tierra, por ejemplo:

Que estés bien, que estés libre de sufrimiento, que estés en paz.

Has completado la fase 1.

Ahora, pasemos a la fase 2, «Felicidad y gratitud».

Quiero que recuerdes tres cosas por las que estás agradecido en tu vida personal. Pueden haber ocurrido en el último día, semana, mes, año o incluso años atrás. Al reflexionar sobre esas tres cosas, concéntrate en las emociones que te producen. Siente la alegría, el amor, la ligereza y el aprecio que experimentaste cuando recibiste esos regalos o viviste esas experiencias.

Piensa en tu vida laboral. Piensa en tres cosas por las que puedes estar agradecido en tu carrera que tal vez sucedieron en las últimas 24 horas o siete días. Ya sea que estés apreciando las palabras amables de un compañero de trabajo, un proyecto que va bien o el ingreso que obtuviste, siente todas las emociones positivas y da las gracias.

Ahora pasaremos al tercer nivel de gratitud: gratitud por ti mismo. Piensa en tres aspectos de tu ser. Estos pueden estar relacionados con tu cuerpo, tu mente, tu personalidad; cualquier cosa por la que estés agradecido de ti mismo. Da gracias por esos tres aspectos de ti mismo, sintiendo la alegría y las emociones positivas a medida que piensas en cada aspecto único de ti.

Hemos llegado a la fase 3, «Paz a través del perdón».

Piensa en algún incidente o alguna ocasión que causó que una carga negativa se acumulara dentro de ti. Puede ser algo pequeño o algo grande. Si recién estás comenzando, empieza con algo menor. Mira a esa persona a la que necesitas perdonar parada frente a ti en un espacio seguro en tu mente, puede ser una playa, un bosque o un jardín, donde te sientas seguro. Mírala y expresa cómo te sientes. Dile con exactitud lo que hizo para hacerte daño o traicionarte como si estuvieras leyendo el cargo en una corte. Por unos momentos, permítete sentir el dolor.

Ahora deja de enfocarte en el dolor y vuelve a traer a tu atención a la persona que te hizo daño. Trata de ver las cosas a través sus ojos, por difícil que parezca al principio. Piensa en cómo pudo haber percibido la situación. Puedes ir un paso más allá y pensar en qué fue lo que podría haber experimentado en su vida que la hizo comportarse de esa manera. Recuerda, las personas heridas lastiman a las personas.

Después de haber visto la situación desde sus ojos, reflexiona sobre lo que puedes haber aprendido de este incidente. ¿Cómo te ayudó a crecer? ¿Te sirvió para convertirte en alguien más fuerte o más sabio?

Ahora, cuando veas a esa persona frente a ti, elige perdonarla. Si lo consigues, imagina que le das un abrazo como símbolo de tu perdón.

Puedes repetir este proceso con el mismo incidente y la misma persona todos los días que hagas la meditación, dependiendo de la gravedad del hecho. Cuando sientas que te es posible abrazar a la persona sin carga negativa, pasa a otra persona.

Hemos llegado a la fase 4, «Una visión para tu futuro». Quiero que pienses en tus visiones y tus sueños para tu vida dentro de tres años. Recuerda, a menudo sobreestimamos lo que podemos hacer en un año y subestimamos lo que podemos hacer en tres. Visualiza tu vida dentro de tres años como si fuera una película que se desarrolla en una pantalla frente a ti. Recuerda cualquier área que te interese.

Puedes reproducir una escena perfecta de tu vida dentro de tres años o puedes elegir dos o tres objetivos específicos que tengas en mente. Estos pueden estar conectados a tu carrera, tu vida amorosa, tu salud, tu estado físico, los lugares a los que deseas viajar… Pueden ser metas vinculadas a tu crecimiento personal o espiritualidad. Haz que las visiones de estos objetivos sean lo más vívidas posibles. Usa los cinco sentidos. ¿Qué ves? Si la vista no es tu sentido dominante, ¿qué puedes escuchar?, ¿qué puedes oler?, ¿qué sensaciones y sentimientos percibes? Piensa en este objetivo como si ya estuviera sucediendo.

Te daré unos minutos para detenerte en tus visiones sobre el futuro. Recuerda usar los cinco sentidos:

- ¿Qué ves?
- ¿Qué escuchas?
- ¿Qué sientes, hueles y saboreas?
- ¿Quién más está en la escena contigo?

Ayuda ver a otras personas beneficiarse de tus logros. Al terminar, debes saber que esta visión futura llegará a ti.

Ahora pasamos a la fase 5, «Domina tu día».

Piensa en tu día como una serie de etapas o segmentos. Estás a punto de ver cada sección desarrollarse con plenitud.

Comenzaremos con tu mañana, justo después de que hayas completado tu meditación. Si estás meditando por la noche, esta será la mañana en la que te despertarás. Establece una intención alrededor de cómo deseas que se despliegue tu mañana. ¿Qué es lo primero que vas a hacer? Tal vez veas que tus ejercicios matutinos van de maravilla. Tal vez pruebes tu delicioso y nutritivo desayuno…

Observa cómo todo sucede a la perfección; tu día de trabajo, de estudio o de lectura. Ve el tiempo progresando: 9 a. m., 10 a. m., 11 a. m...

Ve los rostros sonrientes a tu alrededor; ve hermosas sincronicidades y percibe sentimientos de felicidad y alegría.

Ve cómo la hora del almuerzo va bien, siéntete inspirado, profundamente conectado contigo mismo y con los que te rodean, pacífico y positivo.

Puedes pensar en reuniones o eventos específicos que atenderás durante el día y establecer una intención para que cada uno de ellos fluya como quieres.

Ve el tiempo progresando: 2 p. m., 3 p. m., 4 p. m., 5 p. m...

Al concluir tu día, tal vez te veas regresando a casa o reuniéndote con tus seres queridos, disfrutando de la risa, la relajación, la alegría y la felicidad.

Ve cómo va de maravilla tu noche. Y ahora imagínate a ti mismo yendo a la cama, a punto de tener una noche de sueño maravillosa, refrescante y saludable.

Has completado la fase 5.

Ahora vamos a la fase 6, «La bendición».

Pedirás una bendición para concluir tu práctica y apoyarte en el viaje de tu vida hoy.

Tómate un momento para conectarte con cualquier poder superior en el que creas, ya sea una deidad, el universo, el campo, cualquier palabra que uses para describir tu poder superior. Si eres ateo, ve una versión más antigua y sabia de ti mismo bendiciéndote a ti y a tus intenciones.

Imagina esta bendición como una hermosa luz dorada o blanca que emite su brillo desde arriba. Permite que esta luz viaje a través de tu cabeza hasta la punta de los dedos de tus pies.

Ahora, imagina esta luz expandiéndose desde tu cuerpo para formar una burbuja a tu alrededor, envolviéndote en un escudo de luz amorosa e infinita fuerza que fue enviado por tu poder superior. Sé consciente de que esta bendición estará contigo durante el resto de tu día para protegerte de la negatividad, apoyarte y llenarte de todas las cualidades que necesitas para florecer. Esta es tu bendición.

Has completado la meditación en 6 fases.

Ahora voy a contar del uno al cinco. Cuando llegue al cinco, estarás completamente despierto, te sentirás maravilloso, con perfecta salud y mejor que antes.

Uno, dos, tres... Prepárate para abrir los ojos a la cuenta de cinco y sentirte maravilloso, en perfecto estado de salud y mejor que antes, cuatro, cinco... Abre los ojos, despierta, te sientes alerta, maravilloso, positivo, renovado y mejor que antes.

Este es Vishen Lakhiani, gracias por acompañarme en la meditación en 6 fases.

Agradecimientos

En primer lugar, muchísimas gracias a toda mi familia: Hayden, Eve, Kristina, Mohan, Roopi, Virgo y Ljubov; y a todos mis increíbles amigos que me ayudan a ser quien soy.

También me gustaría agradecer a todos nuestros autores y entrenadores de Mindvalley, quienes me han nutrido con sabiduría, han facilitado mi crecimiento personal durante más de dos décadas e inspiraron muchas enseñanzas de este libro.

Muchas gracias al equipo de Penguin Random House y a Donna Loffredo, por su inquebrantable profesionalismo y apoyo; me siento de verdad honrado de haber trabajado tan cerca de ustedes en este proyecto.

Por último, pero no por eso menos importante, a mi coeditora y colaboradora Amy White: la malhablada británica con un brillante sentido del humor que me ayudó a armar este libro. Gracias por compilar mis ideas, traducirlas a la palabra escrita y sacar el látigo para que me mantuviera dentro del tiempo programado.

Índice analítico

Sobre el autor

Vishen Lakhiani es el fundador y director ejecutivo de Mindvalley, la plataforma de desarrollo personal más poderosa del mundo con una creciente comunidad de veinte millones y una misión para ayudar a las personas a alcanzar su potencial. Es autor de los *bestsellers* en la lista del *New York Times: El buda y el chingón* y *El código de las mentes extraordinarias*; este último ha sido traducido a más de veinte idiomas.